历史的丰碑丛书

文学艺术家卷

现实主义社会小说的奠基人
狄更斯

金 铖　阎军政 编著

吉林人民出版社

图书在版编目（CIP）数据

现实主义社会小说的奠基人——狄更斯 / 金铖，阎
军政编著 . -- 长春 : 吉林人民出版社，2011.4 （2025.4 重印）
（历史的丰碑丛书）
ISBN 978-7-206-07639-8

Ⅰ .①现… Ⅱ .①金… ②阎… Ⅲ .①狄更斯，C.
（1812 ～ 1870）—生平事迹—青年读物②狄更斯，
C.（1812 ～ 1870）—生平事迹—少年读物 Ⅳ .
① K835.615.6-49

中国版本图书馆 CIP 数据核字 (2011) 第 037464 号

现实主义社会小说的奠基人　狄更斯

XIANSHI ZHUYI SHEHUI XIAOSHUO DE DIANJIREN　DIGENGSI

编　　著:金　铖　阎军政
责任编辑:郝晨宇　　　　　封面设计:孙浩瀚
制　　作:吉林人民出版社图文设计印务中心
吉林人民出版社出版 发行(长春市人民大街7548号　邮政编码:130022)
印　　刷:北京一鑫印务有限责任公司
开　　本:787mm×1092mm　1/16
印　　张:8　　　　　字　　数:72千字
标准书号:ISBN 978-7-206-07639-8
版　　次:2011年4月第1版　印　　次:2025年4月第3次印刷
定　　价:35.00 元

如发现印装质量问题,影响阅读,请与出版社联系调换。

编者的话

"欲知大道，必先为史"。

回溯人类的足迹，人们首先看到的总是那些在其各自背景和时点上标志着社会高度和进步里程的伟大人物。他们是历史的丰碑，是后世之鉴。

黑格尔说："无疑，一个时代的杰出个人是特性，一般说来，就反映了这个时代的总的精神。"普希金说："跟随伟大人物的思想是一门引人入胜的科学。"

以史为鉴，面向未来。作为21世纪的继往开来者，我们觉得，在知史基础上具有宽广的知识结构、开阔的胸襟和敏锐的洞察力应是首要的素质要求，而在历史的大背景中追寻丰碑人物的思想、风范和足迹，应是知史的捷径。

考虑到现代人时间的宝贵，我们期盼以尽量精短的篇幅容纳尽量丰富的信息，展现尽量宏大的历史画卷和历史规律。为此，我们编撰了这套丛书。

编撰丛书的过程，也是纵览历代风云、伴随伟人心路、吸收历史营养的过程。沉心于书页，我们随处感受着各历史时期伟大人物所体现的推动历史进步的人类征服力量。我们随着伟人命运及事业的坎坷与辉煌而悲喜，为他们思想的深邃精湛、行为的大气脱俗而会意感慨、拍案叫绝。

然而，在思想开始远游和精神获得享受的同时，我们也随之感受到历史脚步的沉重

和历史过程的曲折。社会每前进一步都是艰难的，都伴随着巨大的痛苦和付出。历史的伟大在于它最终走向进步，最终在血污中诞生了鲜活的"婴孩"。

历史有继承性和局限性，不能凭空创造。伟人也有血肉，他们的思想、行为因此注定了同样具有历史的局限性和阶级的、时代的烙印；他们的功业建立于千千万万广大人民群众伟大创造的基础上。历史是人民群众创造的，伟大的人物们是历史和时代造就的。同时，我们也无法否定此间他们个人的努力。这也正是我们编撰这套丛书的目的。

我们期盼着这套丛书得到社会的认同，对读者，特别是青少年读者之历史感、成就感和使命感的培养有所裨益。史海浩瀚，群星璀璨。我们以对广大青少年读者负责的精神，精心遴选，以助力青少年成长进步，集结出版了《历史的丰碑》系列丛书，敬请读者批评、指正。

1870 年 6 月 9 日，狄更斯挥袖向世间作别，这位当年最受欢迎的小说家，手里握着未完的文字稿，寻着哈得斯急切的催促声憾然而去。

　　多年以后，狄更斯和他的作品风景亮丽依旧，就像一颗不灭的明星散射着无尽的光华。他曾有过空前的荣耀，被世人拿来同莎士比亚媲美，和巴尔扎克、托尔斯泰并提。虽也遇过批评，但普遍性的赞誉是属于他的。无论是使他一举成名的匹克威克，还是令他怅然未尽的《艾德温·德鲁德之谜》，读者总能流连于其中栩栩如生的场景及丰富多彩的情节进而乐不思蜀。

　　是幽默、夸张的创作手法，是广涉社会现实的思想内涵，还是作者本人那善良、人道的品格？

　　百年前即已离世的老人究竟魅力何在？

目　　录

历史的丰碑丛书

从晨曦暗淡到曙光初露

我祈祷我以后不至于再变得无家可归，
也要永远不忘记那些无家可归的人。

——狄更斯

　　雾都的深秋寒风萧索，一间昏暗的当铺里，一个十一二岁的小男孩儿正踮着脚趴在柜台前，"当当"几下响过，从窗口甩出了两三个便士，就在那一刻，男孩儿瞥见了玻璃窗内瘦老头儿金丝镜下轻蔑的目光。一阵愕然后，男孩儿还是熟练并且小心翼翼地把钱包好揣在怀里。当他那瘦小的身躯再次投入冰凉的秋风里时，当铺的招牌正在他身后肆虐地飞舞。男孩儿名叫查尔斯·约翰·赫法姆·狄更斯，父亲因欠债被逮进负债人监狱。这一天，他拿着家里的最后一件什用来到这里，为的是换得母亲和5个弟妹的生存。

　　几天后，母亲在贝赫姆街他们那间破旧的瓦屋前同他挥泪吻别，带着5个幼小的子女，将在狱里和她的丈夫汇聚。查尔斯靠在门框上，望着他们远去的背影，心中的酸楚阵阵涌来，焦枯的落叶在他噙满泪水

的眼睛里把整个天空染得昏黄。他觉得自己被父母抛弃，遗忘。他无法怪罪母亲，为了更小的生命她只好依着法律规定去狱里获取起码的生活保障；他也不能怨恨时代，这个社会里同他一样悲惨伶仃的弃儿随处可见。他只有默默地反复咀嚼着命运的不幸，深沉地对自己说："我的明天不会再有希望。"

有谁会想象得出正是这个敏感脆弱的小男孩儿，若干年后竟成了享誉欧美两大陆的世界级文豪。命运的确让人难以捉摸，而小查尔斯也曾经历过一段幸福的时期。

那是1812年年初的一天，狄更斯一家欢天喜地地迎来了第一个儿子的降世，这天是2月7日。父亲约翰给孩子起名叫查尔斯，年轻的母亲用柔和的目光盯着兴奋的丈夫及他们企盼已久的新生儿。作为海军军需

处的小职员，约翰有着难能可贵的慷慨与随和；妻子来自书香门第，虽然是个头脑不太灵活的女人，可为人温顺、正直。家庭的气氛是轻松、欢快的。

工作需要约翰不时地搬家迁徙，襁褓之时的查尔斯便随父母和姐姐从朴次茅斯来到伦敦。作家狄更斯在这里有了人生最早的记忆，我们不得不惊叹一个幼小孩童的观察力，他看见对面操场上训练的士兵，当时"宽"得令他惊惧的小巷子，阳光灿烂的日子里自

→伦敦

己蹒跚学步……也许这便是人们传说中的天才——当时的狄更斯还只不过两岁。

1817年，约翰又一次接到调令，这回，一家人来到了景色宜人的港口查塔姆，原来的四口之家如今可算得一个庞大的小家族——妻子又为他添了几个儿女。

约翰喜欢牵着查尔斯的小手漫步乡间，或是在河上泛舟。家中的几个孩子顶数查尔斯最像他，清秀的小脸儿上嵌着一对乌黑发亮的大眼睛。一天，父子俩经过盖茨山，约翰发现孩子突然不走了，他沿着查尔斯欣羡的目光搜索过去，哦，原来是被山上那座精巧的小别墅吸引了。约翰无意地打趣道："亲爱的，如果你努力不懈，你会成为那房子的主人。"孩子把这话铭记在心，尽管做父亲的只是随便说说。后来这盖茨山庄多年后真的归了这个小男孩儿。

← 麦田

　　有时查尔斯也独自一人在肯特郡的丘陵和麦田里寻找乐趣，查塔姆的船坞是他最爱去的地方，他还曾经探索了罗切斯特的城堡和古教堂。自然的景致潜移默化地陶冶着他的心性，新奇和爱逐渐成为他此刻乃至将来看世界的一贯方式。作家好学的天性从这时开始被启动，每天他都能从母亲那里得到一些英语知识，假如学得顺当还可以听来点儿拉丁文用法。查尔斯有种嗜学的冲动，他无时无刻不在记着单词，叨念着字母。

　　查尔斯不仅有敏锐的观察力，还经常尝试思考，不能不说他是个可爱的小大人儿。他注意周围的每一

个人、每一件事，甚至于一些无足轻重的话和脸部表
情。外面的世界在他脑子里反反复复地撞击，幼稚的
心灵于冥想中渐渐体悟道理。这段时间里，他涉猎了
一些文学名著，那是有一天他在父亲的仓库里找工具
时的意外发现，这一切就像是神的赐福。一方面因为
身体虚弱，另一方面也更主要是缘于那些有趣的读物
的吸引，他很少去园子里同其他孩子游戏。他常常坐
在角落里，左手持书，右手紧攥左手手腕，目光跟着
一行行铅字急驰奔跑，嘴里还不时发出啧啧的赞叹声。
他从未像别的孩子所认为的那样孤独，汤姆·琼斯、
洛德里克·兰登、斯特莱普都是他玩耍的伙伴，还有
那个流落孤岛的鲁滨孙、骑着瘦马的勇士堂·吉诃德

也曾来过他的卧室向他举手致意。夏天的夜晚每每听到遥远的东方古国传来的一位身处险境的美丽王后所讲述的故事，小查尔斯就会激动不眠。

童年不像那欢乐的小溪跳跃不停，一切愉悦的逝去就仿佛秋天里的一场雨，每一次细雨的歇脚都要裹去一丝暖意。

老约翰是个乐善好施的人，因而微薄的薪俸很难和他的慷慨成正比，不幸再加上妻子无计划的理财能力，狄更斯一家不久便陷入了债务危机。1823年再次来到伦敦时，全家只能在贫民窟的一隅得以落脚。对于查尔斯这个敏感的孩子来说，这无疑是一个重创。

→狄更斯故居

他觉得自己不再有欢乐，在父亲的命令下还要经常拿着家中本来就不够丰富的物品出入当铺，狄更斯晚年回忆那段时期时说道："我在默默地受苦，我在极度地受苦，这除了我之外谁也不知道。我到底忍受了多少痛苦……我简直无法诉说。随便你怎样去设想，都不会言过其实。"

约翰终于沦落到被捕入狱的地步。

查尔斯所以幸运地得以在监狱外面生活，是由于他不幸地有了一份工

作：给一家黑鞋油作坊当童工。母亲一手操办了查尔斯进入工厂的事宜——那个作坊主是她的远亲，一心向往学校的查尔斯无可奈何地让暗淡的岁月选择着自己，这件事对他的伤害极大。狄更斯早期作品《尼古拉斯·尼可贝》中尼可贝夫人身上微微渗透着他母亲的影子，她稀里糊涂地要把自己亲生女儿嫁给一个坏蛋，正如狄更斯的母亲要把儿子送进皮鞋油作坊而让其辍学一样。每天给一瓶瓶糊状的黑鞋油封口，先盖一层油纸，再盖一层蓝纸，最后用绳把这两层纸在瓶

→
狄
更
斯

口扎牢——单调琐碎的工作折磨掉查尔斯眼里渐淡的清澈。谙知人间世态的冷暖，对一个年岁不大的孩子来说未必见得是件好事。

不过要是从另一个角度而言，作家狄更斯童年所受的真正教育正是伊始于这里——伦敦的贫民窟。劳作之余，他常徘徊于泰晤士河边凝视左右炊烟袅袅的普通人家，有时也驻足在一个穷陋的巷子里倾听隔壁屋里传来的吵架声……从垃圾堆、酸模叶子和田野上空望过去，只见圣保罗教堂的圆顶正矗立在烟雾之中。在一个名唤"七岔口"的地方，他惊呼："天哪！我看到了一幅由罪恶、贫穷和乞讨组成的光怪陆离的巨幅画像。"就这样他看到他并不全懂的东西，可他把一切都记在了心里。这些地方及一部分居民后来便成了他

笔下几个故事的背景和人物。写作的人会有这样的体验：如果没有一定的生活经历，再是妙笔生花也不会拿出感人至深的作品。狄更斯通过幼年这悲惨的生活逐渐从一个天真幼稚的孩童成长为爱思索、爱怀疑的少年。童年在荫翳的晨曦里一点点长高。

1824年4月，父亲带着妻儿返回家中。查尔斯的祖母去世，约翰继承了一笔微薄的遗产，不过最叫人感到激动的是孩子的伯父替他们偿清了债务，现在一家人又可过上正常的生活了。这天，伦敦的上空难得地露出了她那蔚蓝的笑脸。年底，约翰得到了海军军需处所发的年薪，每年140镑，接着通过亲属关系，又被任命为一家报纸在议会中的采访员。显然，生活的状况在一天天好转，数月前查尔斯成了汉普斯特德路韦林顿寄宿学校的走读生，这与之前他那个小劳动间的生活简直是天壤之别。

开始的时候，查尔斯在学校学习有些吃力，不过努力刻苦的他很快就成了优等生。此时他尝试了创作，主要是编写并演出一些戏剧。有一部是用无韵诗体写作的，讲述了一个娇生惯养的学生的父亲所干的卑劣勾当。虽然这是查尔斯虚构的故事，可没想到却惹出了点儿麻烦。总之，从那个时候起，他已萌发了揭露现实阴暗面的写作动机。微笑再次绽放在他英俊的脸

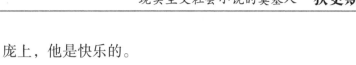

庞上，他是快乐的。

　　新的一切的来临就像旧的一切的逝去一样，不向任何人宣言。灰暗后的曙光令人倍感晴朗的亲切与可贵。

　　虽然摆脱了危机，可是不富裕的家庭不能使查尔斯按部就班地从中学升入大学。15岁生日刚过，他又一次走进了社会，在一家律师事务所做小职员。对新生活的珍视，使查尔斯兢兢业业地工作，不久他便成为事务所的骨干，而后又成为议会记者席上的明星，被同事所器重。

　　我们常听得到这样的话，"我想快点儿长大！"孩子眼里的时光总是拖沓冗长，而成年人心中的童年就像一场叫人念念不忘的美梦转瞬即逝。狄更斯回头遥望时，黯然长叹："那是我平生受益最丰的年月。"查尔斯就是从这样的童年中走出，走向社会和艺术的世界。

→ 狄更斯

明星的升起

一盏明灯照亮了我的路。

我愿让自己信笔直书，去更自由地描
写英国的景象与人物。

——狄更斯

辰星流动，仿佛一盏盏银色的灯火挂在天边启示
着裸露中的黑夜，看那里，又有一颗新星在冉冉上升，
奔向文学的圣殿。

1836年，英伦岛上一位矮小敦实，戴着圆眼镜，
穿着灯芯绒紧身裤的老绅士成为举国通晓的大人物。上

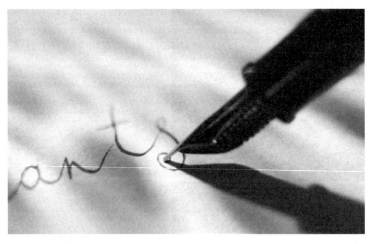

至王公贵族下到佣工伙计，只要你是不列颠的臣民就无不牵挂着他的命运。这位先生叫匹克威克，是一部小说里的主人公。那一年伦敦上空最耀眼的明星是他及他年轻的"父亲"——博兹先生。

博兹是谁？他曾经名唤查尔斯，如今姓氏狄更斯，博兹是他的笔名。

沿承18世纪"流浪汉体式"小说的传统，这部《匹克威克外传》讲述、记录的是匹克威克一行人的游历和奇遇。

塞缪尔·匹克威克先生是闻名遐迩的匹克威克俱乐部的创办人和终身社长。为了深入研究生活中离奇有趣的景象，他和另外3位俱乐部成员特普曼、史诺德格拉斯、文克尔到各地考察，并把他们的发现向本部汇报。喜剧的世界在读者面前豁然展开。先是他们

→狄更斯

车上的那匹蹩脚的笨马只会横着走路，任凭几位先生如何努力它也不向前迈一步，接着匹克威克先生记录车夫的言语以望了解民俗

风情，结果被人家当成密探而招致了一顿痛打……

途中，匹克威克先生收下了一位聪明机智的年轻仆人山姆·

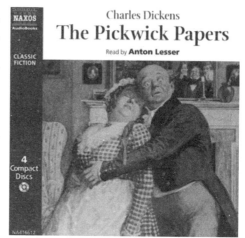

← 《匹克威克外传》

韦勒。就这样，他们一行5人从伦敦的街道开始遍游各地，到过像罗切斯特、伊普斯威切这样的大小城镇，"马诺农场"似的乡间别墅，以及各色的旅馆、套房。他们遇到的人物也各有千秋：金格尔式的江湖骗子、

← 《匹克威克外传》剧照

名为礼拜堂联合戒酒协会的助理牧师实则一名酒鬼的
伪君子史迪金斯，还有漂亮的小姐、敦厚的乡绅、虚
伪的律师等等。由于匹克威克先生们的单纯幼稚，在
现实中屡碰钉子，演绎了不少具有讽刺韵味的是非和
笑话。

　　整个故事有几条线索贯穿始终：匹克威克先生与
山姆·韦勒主仆二人（被称作是堂·吉诃德和桑科·
潘扎式的关系）同金格尔与约伯·特罗特主仆二人的
斗争；房东巴代尔太太因误会而控告匹克威克先生毁
背婚约的一段“桃色公案”；俱乐部其他几位成员及山
姆这群光棍儿的爱情故事；还有山姆的父亲、继母同
史迪金斯的复杂关系。小说的大半部分具有浪漫的轻
喜剧味道，主要记载了众人的滑稽事件，最后的那部
分是匹克威克先生的监狱见闻，色调相对阴沉下来，

加强了讽刺和揭露的效果。

这部作品一开始并不是以小说的面目出现的。年初的时候，出版商威廉·霍尔邀请已通过《博兹特写集》初露头角的年轻记者狄更斯为娱乐艺术家罗伯特·西摩的连环画作文字说明，主题是"市民阶级的人物模仿贵族派头去打猎，结果弄出了种种笑话"。出于对生活方面的需求，狄更斯应允下这个一般作家不肯接受的差事，因为就当时来讲这种题材的作品被看作是附属于图画的。但他毕竟是个有主见、有个性的人，因而提出了一个条件：由他而不是由西摩来选择该写的场景，他希望文章不仅限于打猎而应该"在更大的幅度上自由涉猎英国的人物与风光"。开始，匹克威克的形象并不怎么成功，购买他们刊物的读者寥寥无几。西摩去世后接替他的年轻画家费兹很善于表现狄更斯的最初意图，两位青年人很快形成了水乳交融的默契，接着，伴随新塑造出的人物山姆·韦勒的诞生，《匹克威克外

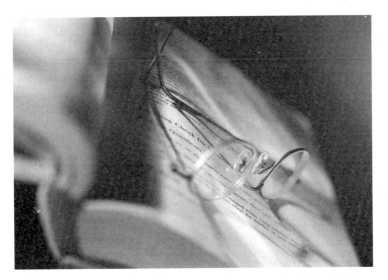

传》终于迎来了柳暗花明的一刻。到刊物发行的第五期印数已从 400 份猛增到 400 万份。那个有着"圆圆的、月亮似的面孔","戴着那副圆圆的、月亮似的眼镜"的安琪儿形象已渐渐深入民心，成为"某种圆圆的简单纯真的象征"。一时间，匹克威克的名字比首相还要响亮，"匹克威克式"的服装纷纷涌现，至今在英语中"匹克威克"还是宽厚憨直的代名词。还有一个传闻能从另一个角度印证小说所受到的空前的欢迎程度。一位名叫康威的读者来信说道："我们的一位邻居读《匹克威克外传》笑得涨破了一根血管。我们真可怜她，倒不是为血管破裂，而是因为医生禁止她读《匹克威克外传》了。"

狄更斯的幽默在此作品中有了最初的展现，他的

笔调夸张诙谐，风格轻松明快，语言极富创造性。他早期的思想在其中也初现端倪。

很显然，狄更斯脑子里掺杂着对逝去岁月的特殊感情，他不喜欢日益发展的工业化进程，对那个驿车为公认的交通工具的时代满是怀恋，因而便塑造了一个理想国的模式交给读者。无论是丁格来谷圣诞节友好欢乐的场景，还是匹克威克先生身上那孩童般的真善美，都有非现实的隐含。他的这一思想符合当时社会上存在的普遍心态，贫苦的人们无力改变现实状况，愿意看些打诨逗趣的东西来缓解生活的沉重气氛，这是《匹克威克外传》成功的因素之一。同时，狄更斯又致力于对艰难时势的揭露，他控诉腐朽残忍的法律制度、社会制度，弗利特监狱里的昏暗情景，还有

"蜷缩在各自的凄凉阴暗角落里的面黄肌瘦、忍饥挨饿、无家可归的人"，不就是维多利亚时代锦绣外表下的内核的真实写照吗？这又一次和产业革命后受资本家残酷剥削下的工人的呼声合拍。因此，《匹克威克外传》最终帮助作家赢得了广大底层人民的支持。不过，此时的狄更斯对黑暗的想法是通过改良的方式，让"匹克威克式"的仁慈去治疗一切疮疤，从这点上看，此书就算不上是一剂最好的救世良药了。

很少有这样的作家，凭借第一部小说便扬名立传；也常有如此的著者，处女作使其一举成名，而后就江郎才尽，不复辉煌。狄更斯是位幸运的作家，也是个独特的著者，他的小说处女作奠定了他在文学上的声望，后来又文思泉涌日益攀高。他，的确是一处不寻常的风景。幸运的生涯并非信手拈来，如果那样，我

狄更斯在作品中痛斥腐朽落后的社会制度，形成了其批判现实主义的写作风格。

们只需睁着眼睛喘气，然后走到阳光下伸出双手，等待着舒适和惬意的落入，可事实上没有一个人会同意人类只是单单地为了向死而生。没有神灯的照明，没有圣者的指引，"顽强的毅力可以征服世界上任何一座高峰"。这句座右铭就像一只高举的火把明示着狄更斯的生命之路。

1826年，从韦林顿学校结业的狄更斯先后在两家律师事务所做了小职员。或许称他的职业是小伙计将更为适合些，每天周到地打水、擦地板、帮查资料就是尽了全职。尽管如此，狄更斯还是经常在老职员旁边学习他们的办案方法，或在角落里注视着往来的形形色色的顾客。他那勤奋的天性让人随时都可以感受

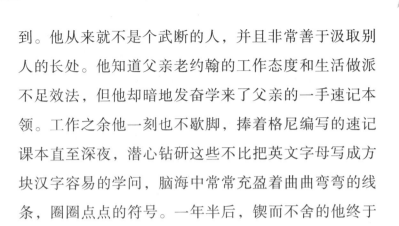

到。他从来就不是个武断的人，并且非常善于汲取别人的长处。他知道父亲老约翰的工作态度和生活做派不足效法，但他却暗地发奋学来了父亲的一手速记本领。工作之余他一刻也不歇脚，捧着格尼编写的速记课本直至深夜，潜心钻研这些不比把英文字母写成方块汉字容易的学问，脑海中常常充盈着曲曲弯弯的线条，圈圈点点的符号。一年半后，锲而不舍的他终于精通了这门颇费心血和体力的技能，为日后做采访记者等工作做好了准备。

很快，他辞职应聘到博士民事法院做记录员。在这里他受益颇丰，使未足20岁的他又有幸体味了人性的另一面：法官和律师们的装腔作势；貌似绅士淑女的体面人物一旦站到了证人席上，他们本性中的虚荣、多变便令人发指地暴露无遗。虽然狄更斯不太喜欢这种做作无趣的工作，但他还是认真完成分配给他的每一项任务。他就是这样一个人，要办一件事就全力以赴。博士民事法院是英国不彻底的民主政治下苟存的司法机构，它腐朽沉闷且松散不紧凑，不过这对狄更斯来说居然又成了一件好事。狄更斯利用空闲时间出入大英博物馆，这个举世闻名藏书丰富的地方成了他自修文化的好场所。在贫民窟里所获的俗文化以及正逐渐在脑中完善的正统知识给他日后所从事的创作事

业打下了坚实的基础。

接着，他来到一家报社做采访议会的记者，在这里他因出色的工作成绩倍受上司青睐。

内阁部长斯坦利望着眼前这位乳臭未干的年轻人，犹豫地说："对不起，先生。我要见的是那位报道了我的一部分讲话的先生。"小伙子满脸涨得通红，不好意思地低下头："我就是那位先生。"部长心里一阵狐疑，他一面在会客厅里来回踱步，一面重读自己的讲话。当确信年轻人一字没漏地记录了部长的每一个单词，这位大人物当场就把狄更斯赞扬了一番。

不管狄更斯在哪里工作，他都会成为那儿的宠儿。狄更斯成功的秘诀只有两点：第一，刻苦努力地练习基本功；第二，百分之百地投入到要做的事情中去。天赋固然可贵，不过若是不经磨炼、雕琢，天才也终究不过是顽石一块。狄更斯那勤奋的成功之路正应了

"宝剑锋从磨砺出，梅花香自苦寒来"这句古训。他对工作倾注身心的态度也非一般人所能企及。一次，他被派往南得文郡采访地方政治领袖，不巧正赶上天下大雨，狄更斯就站在露天地里由同事用手绢帮他遮雨记录演说者的讲演词，集会刚刚结束他就把整理完好的材料给报社寄去。他那丰富全面、准确无误的记录使他们的《时事晨报》超过了老对手《泰晤士报》。结果，淋雨给狄更斯种下了关节炎的病根，而且很长一段时间里他耳边还回响着哗哗的大雨声。

点滴的积累和钻研的精神终于换来了丰硕的果实。1833 年 11 月，《文学科学与美文学月刊》上发表了一向钟爱文学的狄更斯投出的第一部稿子：《白杨路的晚宴》（后称《明斯先生和他的堂兄》）。1836 年狄更斯把自己陆续发表的一系列随笔汇集成书，他的书在文

学界和市民阶层都获得了认同。这本定名为《博兹特写集》的随笔集共56篇，按内容又分成"我们的教区""市景""人物"和"故事"4个部分，目的是通过一些画面如实地表现现实生活与习俗。

紧随其后发表的《匹克威克外传》更是确立了狄更斯在文坛的先锋地位。之后，他辞去了记者的工作，成了一位专职作家。以后的三十多年中，他笔下升华出一个又一个经典形象，如大卫·科波菲尔、奥利佛、耐儿等。

童年的经历，少年时代的经验，青年时期的努力正把我们的作家引向群星璀璨的银河。

"不要向我们述说故事中伟大的名字，我们年轻的时候就是我们光辉灿烂的日子。"假如当你年轻的时候听见过拜伦的这句诗，假如当你年轻的时候看到了狄更斯不懈奋斗的足迹，那就请珍视这一去不返的青春吧！也许就在这里，你会得益终生。

《匹克威克外传》

《匹克威克外传》的情节大体上有四条线索：房东巴代尔太太状告匹克威克毁弃婚约；山姆·韦勒的父亲同骗吃喝的伪善牧师史迪金斯的纷争；俱乐部几位成员的爱情故事；匹克威克和山姆·韦勒主仆同流氓金格尔的冲突。全书以最后一条线索贯穿始终，金格尔因受到匹克威克的道德感化最后改邪归正，形象地宣扬善良战胜邪恶的道德信条。

在匹克威克和他的俱乐部成员一行出游途中不仅有许多令人忍俊不禁的滑稽故事的精彩描述，而且以喜剧的手法对法官、律师、法庭、监狱、议会、选举等作了深刻的揭露和无情的嘲讽。小说中对于田园生活的描写带有理想的浪漫色彩，是作者心向往之的不受封建压迫和资产阶级剥削的人间乐园，反映作者心目中古老的美好的英格兰；而对于尔虞我诈的城市生活的讽刺和谴责，正表现了作者对当时社会制度弊端的认识和愤懑。

作者怀着鲜明的爱憎，运用引人入胜的讲故事的写作技巧和精彩无比的喜剧手法，成功地塑造了不同性格的人物。匹克威克和他的俱乐部成员虽然是有产者，但作者没有赋予他们本阶级的恶习，却予以平民阶层的习性，都循规蹈矩地遵守道德原则。匹克威克在出行途中陷入多重困窘的境地，作品尽力渲染他的天真、幼稚、不懂生活，处处碰壁。匹克威克总是好心肠办傻事，到处吃亏出洋相，在屡遭挫折的情况下仍保持乐观开朗的性格，让人觉得可笑，又逗人喜爱。作者不仅给正面人物都敷上一层喜剧色彩，而且对反面人物和丑恶现象也都采用喜剧的艺术手段，加以夸张、漫画化，令人看到他们可鄙又可笑，达到尖刻嘲讽和愤怒谴责的艺术效果。

痴迷在艺术世界里

一切有志于艺术的人必须完全献身于它，并在其中得到补偿。

任何天生的或后天培养的才干，若不与坚韧不拔、谦逊踏实和埋头苦干的品质相结合，就不可能有所成就。

——狄更斯

那天，当人们还沉浸在甜美的梦里时，狄更斯独自一人摇摇晃晃地奔跑到码头上，爬到一艘搁了浅的大船的背风处。他迎着海潮，凝视大海的奔腾咆哮，

→狄更斯

夜色正深沉。就这样，伫立了将近一个小时，不消说，回到家时他已成了落汤鸡。

创作完一部作品的狄更斯顾不上此刻乃是午夜，他要向海风诉说自己的兴奋。狄更斯这疯乎乎的行为在常人眼中简直近乎荒唐。不过要是从另一个角度透视，正是这种似痴似狂的气质造就了我们的一代文豪。

如今的狄更斯已是文坛上一位赫赫有名的宿将了。与此同时，一批优秀的小说家也在纷纷涌现，形成英国文学史上的一次奇观壮景。可是，狄更斯却是灿烂群星中最闪亮的一颗。

独特，是狄更斯获取胜利的根本所在。

狄更斯在创作中采取了比较新鲜的手法，他笔下的人物生动、灵活、跳跃性强、令人难以捉摸，同萨克雷写实的平实化有明显的差别；他赋予人物身上的对话空前的幽默、诙谐。看他的小说，你得有随时可能会笑破肚皮的准备。难怪后一代的批评家G·K·切斯特顿不无忧虑地赞叹："狄更斯是最后一个伟大的喜剧家，自他去世以后，'伟大'和'喜剧'已不再是同义词。"

　　狄更斯的笔触还有着神奇的混合作用。有时，你会徜徉于他那逼真、可信的情境里，并且极有可能笃信自己已是故事中的角色；也有时，你在他所设的奇幻、夸张的渲染下会突然被抛进了雾绕缠绵的云山梦境，当然由此你也就产生出自己决然不会是那些拉伯雷神话式的精灵。大家还在惊讶里"唏嘘"作响的时候，狄更斯早已经把现实与浪漫奇妙有机地融合到了一块儿。

　　就性格而言，狄更斯既具诗人化的痴狂，又有演员

← 查尔斯·狄更斯的钢笔

式的夸张，还有科学工作者似的缜密认真——这些是普通的作家极难拥有的多重性格。我们曾经在武侠文学中结识过那些醉心武学的义士，他们喜好游历于幽山偏谷之间，沉浸在一招一式里而达到忘物忘我。我们正在讲述的这位作家虽然及不上这群了却凡心笑红尘的侠士的超脱，但在文学艺术探索的道路上，也与他们有着一样的执着。

狄更斯的生活很有规律：工作一上午，下午出去散步。到了晚上，无论天气好坏，他总要在伦敦街头驻足凝望——他延续着从童年时代伊始的"夜游"习惯。有时也回到那从儿时起便给了他不可磨灭的烙印的"七岔口"，在这里谛听贫民们的碎语闲言；或者，索性跟在一帮人的后面，把他们的姿态和话语记录下来，你瞧他那副认真的模样，简直活像一个滑稽的侦察员。

1837年，正当《匹克威克外传》继续分期发行大受欢迎的时刻，狄更斯又投入了新的创作之中。这部名叫《奥利弗·退斯特》的小说从1838年2月份开始在《本特利杂志》上连载。

写作之始，狄更斯就拿出了大量的精力。先是一连几天去济贫院里收集材料，跟着巡游于伦敦几个极易流窜强盗、小偷的街巷，他把个人的安危全然忘在了脑后。为了写好贼头儿费金这个人，他竟然把自己弄成像个小偷的模样去想方设法接近他的"同类"，一次被一个贼识破，差点儿把狄更斯当作密探杀掉。

狄更斯自己形容："我刚刚冒出头来，登上陆地，向《奥利弗》猛冲过去，两个月的繁重工作就如巨浪扑来，把我卷回到手稿的汪洋大海中去。"

1838年，是狄更斯生平中最繁忙的一年。《尼古拉斯·尼可贝》在《奥利弗·退斯特》进入尾声时动笔。那段时间里，《奥利弗》尤其令他伤神，每天都笔耕不辍地从事创作。他把其他事儿一概置于脑后，有时收到友人的信件居然竟一连一个月都没有拆开。

终于《奥利弗》把狄更斯推向了忍无可忍的地步。一天，他独自坐上一艘轮船来到小镇布洛涅，住进一家小旅店，断绝了和任何人事的来往，埋头数日，一鼓作气地写完了《奥利弗》和《尼古拉斯·尼可贝》的后一部分。

　　《奥利弗·退斯特》（又译：《雾都孤儿》），是狄
更斯保持永久青春的佳作，使他成为备受推崇的小说
家了。狄更斯做事认真而耐心，有一阵子，狄更斯把
作品搬上了舞台。在排练过程中，他精心地指点演员
们如何发音，如何在舞台上举手投足，不惜花费自己
好几个小时的创作时间，直至整个排练中没有一个别

→《雾都孤儿》电影海报

←《雾都孤儿》电影海报

扭的动作，没有一个错误的吐字，没有一个做作的姿
势。戏公演时受到的热烈赞扬正是建筑在狄更斯对完
美的追求时所倾注的辛勤劳动之上。

　　每次创作时，狄更斯都会像一名演员进入了角色似
的同自己笔下的人物同呼吸共命运。1840年，狄更斯
的《老古玩店》问世，创作这部小说时，狄更斯本人竟

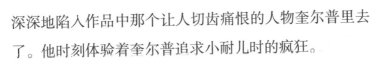

深深地陷入作品中那个让人切齿痛恨的人物奎尔普里去了。他时刻体验着奎尔普追求小耐儿时的疯狂。

　　一次在海滩上散步时，他当着妻子的面突然抱住了朋友的女儿，等着海水来把他俩淹死，就像奎尔普一样，他的目的只是为了制造一个新闻。

　　当维多利亚女王与艾伯特亲王举行婚礼时，狄更斯竟把女王想象成了自己的恋人，他沉浸在爱人被夺的切肤之恨里，并且表演得十分卖力，他的行为使他的夫人和朋友们不安，和书中奎尔普使他们不安一样。他给一位朋友写信诉说自己的心情，他想到了自杀，他竟欲绑架一个王室女仆，然后把女王带到一个杳无人迹的荒岛上去。他兜里揣满女王的肖像，待四周无人时，就会把图片拿出来冲着她放声哭泣。

　　当狄更斯从奎尔普的角色里挣脱出来，在《老古玩店》的结尾处画上一个句号时，奎尔普也作为一个凶狠放肆的经典人物常驻进了读者的心田。一旦朋友们谈论起当时作家的失态举动时，他总付以茫然的一笑，仿佛对那事全然不晓似的。对于一个具有演员脾性的人，人们会时常看到他们或乔装打扮，或大喊大叫，或装疯卖傻，总而言之，他们一定要宣泄一下心中的憋闷，否则那就不叫生活。狄更斯就是这样一个人。

　　虽说狄更斯的行为时常会近乎痴狂，不过也正是

这种状态，使他获得了寻常人无法感悟到的灵动，再把它附以魂体，这是狄更斯作品生动的一个因素。他是用笔在写自己的体验，在写自己的生命，我们无法非议狄更斯的为人。

作家在创作时投入的热忱也无不令人惊叹赞羡。

现在他又钟情于《钟乐》了。他满怀热情，几近疯狂，早晨7点钟起床后便立刻奋笔疾书，直至深夜二三点钟才罢手。几天来，他那本来已开始丰满的脸颊又凹陷了下去了。"我的全部爱恋和激情都已深深地

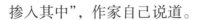

掺入其中"，作家自己说道。

1854年，狄更斯七分疯狂三分醉地创作了的《艰难时世》。

到了第二年，他又沉浸在《小杜丽》的气氛里，他后来回忆，自己那时已到了坐卧不安、茫然若失、无法自制的地步。"这时，我就像麦克白那样狐疑不决，像疯汤姆那样思路混乱，像泰门那样蓬头垢面、衣冠不整。我坐下写作，但什么也写不出……翌日，重新伏案而坐，却依然一字无成，于是再次起身。这次我沿铁路而行，找到了一处合适的地方，决定在那里住上一个月。次日早晨回家后，我整小时整小时地，拒绝任何约会，以便留下全部时间供自己使用……我就这样一圈又一圈、一遍又一遍地转动着同一个轮子，直到它把我载到我人生旅途的终点为止。"

狄更斯就是这样痴痴狂狂锲而不舍地创作，数十年如一日，最终成为世界第一流作家。这种对事业的热爱，对理想的追求以及拼命工作的精神，就是他成功的秘诀。

在那亦痴亦狂的缥缈世界里，依然可以清晰地辨认出作家人性中的另一方面：科学家式的精密细致。

狄更斯在看完一位密友的新作后，立即给朋友去信："我很喜欢'高斯密斯从教堂的窗口望见了树上栖

着的那只灰眼睛的白嘴鸦'的一段。可白嘴鸦的眼睛果真是灰颜色的吗？我曾经注意过它们长着乌黑发亮的眼珠儿。我想除非是阳光的映射，否则它的眼睛不会是灰色的。"狄更斯始终认为：真实的细节描写是文学作品成功的重要条件之一，作家在描写事物时，不仅要注意它在一般情况下的状况，而且要注意在不同具体条件下的特殊情况，这样，才能使自己的作品真切动人。

成功的大门，要用勤奋的钥匙去打开，智慧的沃土，要用执着的木犁去耕耘，要遨游知识的海洋，探寻人类的瑰宝，就请勇敢地划起勤奋、执着的小船吧。狄更斯已在前方给你树立了一个高高的航标。

XIANGGUAN LIANJIE

《小杜丽》

　　狄更斯在《小杜丽》中，书写了负债人监狱发生的悲欢离合。女主人公小杜丽的父亲因破产长期入狱，出生在狱中的小杜丽努力工作救援家人。她的家人刚脱离苦海，她的情人又负债入狱。在这部小说里，作者运用漫画手法，出色地创造了代表官僚主义的机构"兜三绕四部"，它由贵族巴纳克尔家族操纵，以"怎样不管事"为宗旨，它的恶劣作风造成了小杜丽一家滞留狱中以及其他许多人的悲剧。这部小说与《荒凉山庄》一样，也采用了象征手法。监狱是全书中心的象征形象，小杜丽一家哪怕出狱，还感觉笼罩在监狱的阴影中，法律界的弊端和罪恶，已不能由个别人所代表了。《小杜丽》是狄更斯的第十一部长篇小说。先是连载，自1855年12月至1857年6月间共连载了19个月。1985年5月出了单行本，狄更斯写了一篇序言，在序言中他流露出因拥有这么多的读者而感到的喜悦。的确，《小杜丽》一书的销售量是空前的。这部巨著也是狄更斯创作后期的重要作品，对于我们了解英国19世纪中叶的社会面貌是有极大价值的，英国政治的腐败，统治阶级的虚伪、欺骗，大资产阶级的贪婪，上流社会的虚假，下层人民的贫困，都在作者笔下暴露无遗。

杜丽在英国债务人监狱里出生、长大并成年，瘦小而坚强、腼腆而善良、勤恳体贴，是一个为自己的家人操各种心，甚至有些忘记自己的可爱小女人。即使在故事中间，因杜丽之姓而得到意外的遗产离开监狱成为上流社会的一员，依然保持自己性格中美好、纯真的一面，尤其当这种美好、纯真与其父、兄、姐的前后变化相较时则显得尤为宝贵。

亚瑟·克兰南，在清教徒式的严厉和沉闷下长大，关禁闭的密室可能是他童年中印象最为深刻的存在。其母亲在他身上所表现的态度，严厉冷漠中又有某种尖刻，让人难以理解（我们到故事的结束才知道，他是其父与别的女人的孩子，那个他一直称为"母亲"的女人是他父亲的叔父为其娶下的，并一直以上帝派来惩罚这种罪恶的人而自居）。成年后，跟其父远走印度，在父亲病故后才回国。正直、善良、乐于助人，又有着勤奋耐劳的精神，并勇于承担应有的责任的中年男子。

故事因小杜丽为克兰南的母亲所雇佣而联结在一起，经过各种阴霾、迷雾以及人与事的颠簸，最终走到一起。

小说中某些东西，或者可以称之为技巧，非常有意思。

比如弗罗拉（丧夫，克兰南年轻时的"女友"）的絮叨和语无伦次，以大段没有标点、句读的话来体现。

比如对卡斯贝先生（弗罗拉的父亲）的某些描写（"只见那可敬的老人一人在里面坐着，穿布拖鞋的脚搁在火炉围栏上，两只大拇指绕着圈，仿佛他从来就没有停下来过。而少年时期的可敬老人，时年十岁，在他头顶的镜框里注视他，而神情也并不比他更镇定。两个光光的脑袋都一样地亮，一样地笨，一样地尽是疙瘩"）。

比如对杰纳勒尔太太（此人以为上流社会出身的小姐教授礼仪为职业）的做作、矫情和一定程度上的自欺欺人的刻画（"令人吃惊的事情是切不可对杰纳勒尔太太说的。事故、痛苦、犯罪，都是不可以在她面前说的。激情到了她面前就该去安息，血气就该化作乳汁与水。""杰纳勒尔太太说话的声音有粉饰，杰纳勒尔太太的办事方式有粉饰，杰纳勒尔太太身体周围有一种粉饰的气氛。当杰纳勒尔太太沉睡在善良的圣徒伯纳德的怀抱中，他盖的房屋屋顶上落下了鹅毛大雪，她的梦——倘若做过梦——也应该是被粉饰的"）。

在不经意中透着小小的讽刺意味。

当然，作品中还有一些别的层面的内容。

比如，虚构出庞大的拖拖拉拉部以及其贯彻到底的将任何事情"不了了之"的办事原则，从中可以看出作者对于当时英国的保守、反对进步和变革的反思和一定程度上的厌恶。

比如，对于监狱和狱中人生活的描写。我第一次接触这方面的内容。这种暴力性的存在对于人的影响力之巨大，那堵高墙可能将在人们心中投下永恒的阴影。小杜丽的父亲在暴富出去之后，拒绝说起或者想起与监狱相关的一切人和物，甚至好心的监狱看守后来来探望他，他也神经质地勃然大怒，然而，自己又深受二十几年的牢狱生活的影响不能自拔。对于这个人物的结局的描写也是非常戏剧性的，他在一个上流社会的聚会上，在一群他最不愿意让其知道自己底细的人面前突然失常说出了牢狱中的一切然后迅速死去。

比如，对于莫多尔先生的塑造。政府、媒体最后经由民众捧起的商业界的神话，股市里的旗帜性人物，结果，所有人都被愚弄，当这面旗帜在公众浴室自己倒下，无数人因此倾家荡产。

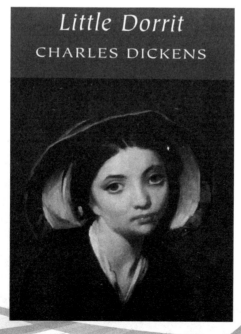

→《小杜丽》

穷人的诗人

> 我每进入所谓"上流社会"都要引起我
> 对它的厌倦、蔑视、憎恨和厌弃。我愈是看
> 它那种非常的自负，那种对外面发生的事的
> 惊人无知，我就愈相信这样一个时期就会到
> 来，那时它不能自己进行改革，就会让别的
> 力量把它从地面上改革掉。
>
> ——狄更斯

光阴荏苒，步入中年的狄更斯开始了他创作生涯中
的繁盛时期。这时，我们已无须再强调作家的天赋、勤
奋和执着，扑面而来的是人性中更伟大的一面——良知
与博爱。

狄更斯，我们伟大的作家，正用其无边的慈悲之

心关怀、抚慰那
些在黑夜中忙碌
爬行的人。

19世纪四五
十年代，继纺织工
业的机械化之后，

重工业也迅速发展起来，资本越来越集中——如此地，产业革命在英国已进入了完成阶段，拥有几百名甚至几千名工人的工厂在这时根本不是件稀罕事儿。可是，伴随着产业革命的进程，阶级矛盾也一天比一天尖锐：无产阶级反对资产阶级的革命斗争，成为这一时期欧洲社会的重要标志。1838—1842年积累了不少经验的英国无产阶级，已经从过去自发地聚集起来毁坏机器发展到进行有明确政治纲领、政治要求的宪章运动。然而，由于阶级力量相距悬殊，这场运动最终被资产阶级和顽固的贵族动用大批军警镇压下去了。

　　到了1853年，沉寂了近十年的英国工人运动高潮再次被掀起。北部兰开夏郡的纺织工业中心普莱斯顿爆发了持续几个月之久的大罢工。

　　就在这样的背景下，《艰难时世》酝酿而出。写此

书时，狄更斯已年过40，无论在创作技巧上，还是在文章蕴含的思想内容里，都达到了新的高度和深度。小说有一个经典的开头：

> 告诉你吧，我要求的是：事实。除了事实，其他什么都不要讲给这些男孩子和女孩子。只有事实才是生活中最需要的。除此之外，什么都不要培植，一切都该连根拔掉。要训练有理性的动物的头脑，就得用事实：任何别的东西对他们都全无用处。这就是我教养我自己的孩子们所根据的原则……

这是主人公葛莱恩所积极推行的"事实和数据"

←英国工业革命

的哲学，狄更斯首先便直指了代表资产阶级利益的这种功利主义哲学，当然小说《艰难时世》的意义远远不只在于对资产阶级经济学派的批评。接下来他把整个内容放在宏大的社会环境中，提出了对大工业化社会下人们"新"的人生观、哲学观的疑问。历来，《艰难时世》都被看成是狄更斯第一篇直言不讳地抨击社会现状的作品。

实业家兼议员的葛莱恩用他的那一套"哲学"教育着自己的两个孩子露易莎和汤姆，绝不允许他们任着各自的脾性发展。长大后的露易莎遵循着父亲所教导的"事实与数据"尺度衡量了自己的婚姻。她没有一丝难过地嫁给了比自己大出30岁而且丑陋凶狠的镇上首富庞德贝，从此便走上了一条苦痛难言的不归路，

→ 《艰难时世》

当她醒悟的时候青春早已不再。汤姆同姐姐不一样，他是另一个极端上的牺牲品，平日里他爱好吃喝玩乐，钱财不足就盗用银行里的公款，最后在父亲和姐姐的帮助下才得以逃脱法律上的判决而客走异乡。姐弟俩的不幸命运不是一种偶然，在那样的社会里，在那样的家庭中，受实利思想浸染的他们，精神上日渐空虚，最终必然导致人格的分裂。

除了葛莱恩一家的生活波折，小说有的篇幅描述了资本家庞德贝和其雇工之间的斗争，这也是《艰难时世》中最引人注目最成功的地方。

狄更斯描写底层人民的生活如同信手拈来。不幸的童年使他熟悉贫民的日常生活，还有那种生活条件下人的心态。还有一点很重要的因素是他有一种与生俱来的善良品性，他所崇尚的一个字是"爱"。只要一见到不公平或是悲惨的情状，他的心就会立刻被牵引，以至终于需要写下文字为之呐喊。但是受时代和从小所受教育的局限，他在揭露罪恶时带有浪漫的一面：他不主张工人阶级采取革命的手段争得利益，而且始终不相信人民有能力管理自己，唯一的寄望是工厂主和新兴贵族自上而下地采用仁慈的手段来维持统治。

　　在资产阶级知识分子中，狄更斯毕竟是极有良心的一个，他从人性、人情角度出发指出了资本主义制度的吃人本质。他使读者深深地透悟以葛擂硬为代表的持"事实和数据的哲学"者的实质。他们扼杀掉了生活中最美好的部分，把人从实实在在的"人"降到了只知计算的非人机器。他还给庞德贝这样凶恶的资

本家一个悲惨的结局。不过狄更斯遵循的仅仅是恶果
必报的原则，可不管怎样说，他那宣传穷人也应该和
富人一样享有公平、自由、福利的思想深得百姓的认
同，作品一经发表便大受欢迎，狄更斯本人也从宪章
派那里得到"穷人的诗人"的美誉。

《艰难时世》发表的一前一后出现了两部和它品
貌相似的姊妹篇，这就是狄更斯的另外两篇社会批判
著作《荒凉山庄》和《小杜丽》。

众所周知，司法界是狄更斯再次踏入社会的第一
个工作场所，在那里他目睹并认识了英国法律制度的
衰败和弊端。特别是在博士法庭的那段时期，他对大
法官法庭有了深刻的谙知。大法官法庭是中世纪沿袭
下来的古老体制，专门处理遗产和契约方面的纠纷和
诉讼。由于法律条文拖沓、法官昏庸无能、办案程序

复杂、毫无造福人民的气息，因而它就像台庞大的机器，被卷进"齿轮"的小人物不可避免地被无情地吞噬，被葬送着青春、被荒废着生命。《荒凉山庄》就是一部揭露大英法律阴暗面的作品。

《荒凉山庄》成书的1853年是狄更斯创作的顶峰时期。这部作家后期的代表作规模宏大而且结构复杂，通过几条相互交错的线索，试图对19世纪中叶英国社会的深层腐败进行全面的批判。

一开头作家便使用了独特的象征手法，他描写了伦敦的雾气、雾气下的法庭，一切都是阴沉沉、昏暗暗的。读者一着眼就有了一个印象：这样环境中的内容也不见得明朗。的的确确，腐朽的法律制度在这样的气氛里日渐展开。这部伟大的作品是根据英国大法官法庭的一个真实案件"贾迪斯控贾迪斯"诉讼案写成。

小说没有一味单纯地批判，它把一个情感故事作为线索，这个故事就是有关埃丝特、萨默森命运的故事。

埃丝特从小便知道自己是个私生女，成长后在约翰·贾迪斯先生的盛情邀请下，来到坐落在赫特福德郡贾迪斯先生的府邸作婀达·莱克尔小姐的女伴。就这样她走进了"贾迪斯控贾迪斯"诉讼案的阴影之中。这桩案子是大法官法庭上的一个笑话，贾迪斯家族的先祖留下了一份遗嘱，可又没有明确指明受益对象，因此每次开庭都争论不休，拖了几十年都不能终案。原本若是碰到效率高节奏快的法律机构，这案子也许早就解决了，可它偏偏遇上的是大法官法庭。

埃丝特是个美丽、温顺的女孩儿，她悉心地打点着贾迪斯山庄的家务。约翰·贾迪斯先生一直暗恋着

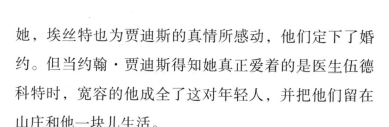

她，埃丝特也为贾迪斯的真情所感动，他们定下了婚约。但当约翰·贾迪斯得知她真正爱着的是医生伍德科特时，宽容的他成全了这对年轻人，并把他们留在山庄和他一块儿生活。

埃丝特的故事在曲折地迂回，另一出悲剧也正在悄悄地发生。婀达小姐和理查德是"贾迪斯控贾迪斯"案件的两位当事人，他们和约翰·贾迪斯据说是那笔巨额财产的继承人。从小青梅竹马的婀达和理查德长大以后共坠爱河结为夫妇。理查德一向视自己为未来的富翁，很少努力提高自身的修养，在烦冗的法律制度下他终于明白这辈子自己不可能得到遗产了，一气之下暴病身亡，丢下新婚的妻子和未出世的孩子。

法律本应该是代表人民的利益，可在资本主义社会的初级阶段，它只能成为压榨和断送人的机器。《荒凉山庄》里，狄更斯再次成了小人物的代言人。作品中他还着意描写了底层人民的生活，如贫民窟托姆独院里面的见闻，还有烧砖工人的言行，读者又一次观看了维多利亚王朝所谓盛世下的灰暗角落。揭露之余，狄更斯用自己对资本主义的希望塑造了两位理想化人物：一个是乐天知命的约翰·贾迪斯先生，身为案件的当事人之一，他不慕虚荣安于现状。一个是"女圣者"埃丝特，她不仅貌美而且行善。

　　《红字》的著者霍桑说过"监狱与人类同在"，这句话恰好指明了《小杜丽》的寓言性。狄更斯使用监狱来象征整个资本主义制度，在读者面前展现了一个新的世界。

　　小杜丽出生于马西夏监狱，当时她的母亲和破产的父亲因为欠债被关押在那里。在监狱，她度过了沉闷的童年，8岁丧母，14岁走进社会替人缝补来接济狱中的父兄。一次机遇杜丽获得了一笔遗产，出狱后全家过上了富裕的生活。豪华的境遇没能浸淫小杜丽的心灵，她依旧保持着一份纯洁与质朴。

　　书中还有另一个狄更斯式的理想人物亚瑟·克兰南。他是个诚实、善良的男子。在母亲的家里结识了做零活儿的小杜丽，他很同情杜丽一家的遭遇，在真挚天性的策动下，他为那可怜的杜丽四处奔波。一切雨过天晴后，亚瑟与小杜丽才觉出两人的感情已超出了友谊的范围。

小说围绕着杜丽和克兰南两家人的际遇，展开了英国社会的广阔图画。

马西夏监狱触及了狄更斯幼年的伤痕，他在一本自传性的笔记里曾猛烈地抨击惩处负债人重于惩处重罪犯的法律体系。当然我们这位作家对当时法律制度的愤恨远远超越了个人恩怨的狭小天地。英国这项把负债人投入监狱，剥夺他们的劳动权和偿还债务的可能性的不合理制度，直到1862年才结束了它那繁文缛节似的历史。背负着切身的体验，狄更斯这次又成了被迫害的负债人的叫冤者。

《荒凉山庄》《艰难时世》《小杜丽》这3部作品，是狄更斯揭露现实丑恶、为贫苦人民争求正义的代表篇章。作家也因此保持住了他在古典现实小说作家里的杰出地位。

如果说随着年龄的增长，作家逐渐丰富了经验，对现实社会有了深刻的认识，这其实也并不够完全确切。早在20年前，在狄更斯还是小伙子时，他就已通过一位孩子的眼睛描绘出他们所在的那个社会的肮脏。这个孩子就是名贯全球的——奥利弗·退斯特。

或许，我们现代人先是从电影这一极富表现力的艺术里开始知道这位在 19 世纪伦敦的街头游荡的小孤儿奥利弗的。

> 孤儿们正急切而又小心地舔吮着小瓷碗里那稀薄的粥，灰青的砖瓦围住的是低沉的空间，一个长着天使般纯洁小脸儿的男孩走到大腹便便的管家面前，稚嫩的嗓音恳求道：'求求您，先生——我想再要一点粥。'结果招来了一场暴风雨似的斥骂。

影片《雾都孤儿》这段叫人心酸的情节烘托着奥利弗孤苦伶仃的身影。资本主义工业大发展时代的英国，孩子们在孤儿院里只能从歌声中触摸到幸福。1968 年根据狄更斯名著改编的这部电影上映不久便收

← 《雾都孤儿》剧照

← 《雾都孤儿》剧照

到了如潮的好评，以及观众们似雨的眼泪。诚然，视与听的艺术手段在此起到了极大的作用，不过原著的情节、思想毕竟还是成功之坚不可摧的基石。

奥利弗·退斯特在伦敦北部的一所济贫院里出生不久便死了"唯一的亲人"母亲。他的童年在孤儿院里苦熬着，9岁那年，就因为提出多要一点儿粥便被强行送到一家棺材铺做学徒。因为难以承受雇主的虐待，他逃离了昏暗的作坊，成了当时伦敦街头并不稀有的流浪儿。一次"巧遇"，奥利弗在一个名叫道金斯的陌生人那里得到了足够的食膳和稳定的宿处。可没过多长时间，他发觉自己已经身处一帮少年窃贼中还浑然不知呢。他们的头儿费金是个阴险狡诈的老头儿。奥利弗第一次奉命出去行窃就被发现而被抓进了警察局，好心的布龙洛先生收留了他。一天，他上街买东西被

费金一伙儿发现并抓了回去。最后，几经艰险的奥利弗在布龙洛先生的帮助下获得新生，并且身世之谜也得以揭露：原来布龙洛先生是他亡父的好友，父亲还给他留下了一笔遗产。在学校他开始了幸福的人生。另外，坏蛋费金及其同伙也为自己的作恶付出了应有的代价。

原本什么身世之谜、遗产争夺、善恶有果这样的故事情节并非是新颖的主题，甚至称其为俗套也不为过。但狄更斯这位大手笔的作家毕竟有别于常人，他站在穷人的立场上成功地刻画了社会底层的穷困、犯罪、死亡……各种不幸的现象。《奥利弗·退斯特》历来被看作是狄更斯一生中的重要作品，从此时起，他彻底奔向了反黑暗的潮流。

狄更斯在小说里牢牢地抓住了两点：一是直指政

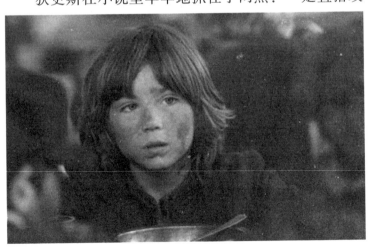

← 影片中的奥利佛·退斯特

府百般吹捧下的济贫院、孤儿院这些福利制度里的弊端；二是深层次地发掘下层社会的人民在困苦潦倒的生活里由变态的神经而导致犯罪的现象。这一上一下两条线索不时地交叉，外表锦绣隽丽的维多利亚王朝暴露出层层的败絮残柳。

狄更斯不光"通过一切悲惨的境遇而显示出永存的善的原理来"，他还用自己的实际行动去给穷苦的人们做一些有益且有效的帮助。

在一次演讲中，他指出穷人的痛苦和冤屈都被战争新闻和鼓吹出来的爱国主义热情淹没了。他说的确实有事实依据，克里米亚战争那年，英国政府积极动员全民族作战，对被霍乱所吞噬的两万多英格兰人和威尔士人的生命却低调处理。

就贫民子弟上学问题，他曾向约翰·拉塞尔爵士写了一份长篇报告，提出自己的一些建议。他还几次出资清理贫民区。特别著名的一次是，他和一位朋友挑选了一块称作新斯科舍花园的地方，名为"花园"，实为一个大粪堆，是盗贼和妓女所生的孩子们的游戏场所；他们投下大笔资金把这块地方清理出来，这就是后来有名的哥伦比亚广场。至于济贫院和孤儿院那里狄更斯当然是常客，他经常不计报酬地为孤儿和无家可归的人朗诵自己的作品。

我们说狄更斯是位伟大的作家，首先要肯定的是他是个伟大的人。在那样的社会里，作为资产者中的一分子，他从来不把自己摆在高高在上的位置上，总是设身处地地设想自己如果处在别人的情况下会怎样。

← 《雾都孤儿》剧照

　　在上面我们看到了一篇篇对社会现实腐朽进行控诉的作品。作家早期的另外　些作品则或多或少也隐含了他的不满情绪。接下来的几部小说分别从各自的角度出发为穷人们擂鼓助阵。

　　和《奥利弗·退斯特》几乎同时创作的《尼古拉斯·尼可贝》，它的精彩人物当数吝啬的高利贷者拉尔夫·尼克尔贝。高利贷者是在资本主义经济条件下的一种存在，狄更斯对这类人进行了批判。拉尔夫不顾手足之情，几次三番地迫害弟媳妇、侄子和侄女。他把侄子尼古拉斯送到号称"贫苦孤儿的活地狱"的学校去读书，又企图把侄女凯特当作钓饵去诈骗一个糊涂的纨绔子弟。接着，他又伙同另一个高利贷者，阴谋把尼古拉斯的恋人玛德琳嫁给年近花甲的老色鬼格里德利。招数伎俩尽败后，再加上得知是自己害死了亲生儿子，拉尔夫在羞愤之际自杀而亡。

　　系列圣诞故事里最出色的小说《圣诞欢歌》自从问世以来便被誉为"一首真正的圣诞节赞美诗"。斯库鲁吉那让人既恨又怜的形象教育人们：一个人应当做的是战胜自我的敌视，去生活在自我尊重的祥和气氛里。当他从一个不肯为任何人服务的老板到一个能体贴他人、具有博爱之心的人，幸福之感油然而生。

　　《董贝父子》无论在形式方面还是在内容方面，

都在狄更斯的作品里占有重要地位。它突破了作家早期作品里"流浪汉体式"的影子，紧紧围绕一个中心人物展开故事，塑造出典型的傲慢资产者形象。

1842年狄更斯游美回来，写下了《马丁·米述尔维特》，书中他揭露了美国这个所谓自由民主国家内的陋习及弊端。他写道："星星对着血红色条纹眨眼睛，自由女神拉低了帽子遮住眼睛，承认在她妹妹的国土上存在着最可耻的压迫形式。"这里他又在为美国人民说着公道的话。

文学实际上是种做人的学问。狄更斯红彻文坛，与他博大、豪放的性格有着相当深切的联系。他关心所有人的生活，把体现劳动人民疾苦的主题始终放在创作之首。他那高尚的品性在他连篇的作品里丝丝显露，读者们所欣赏的不仅仅是狄更斯的作品，还有他这个人。

年轻的朋友们，你想成就一番事业吗？请你先学会做一个善良的人。如果是这样，世界和你都将拥有美好的明天。

相关链接
XIANGGUAN LIANJIE

《艰难时世》

　　《艰难时世》是狄更斯直接描写劳资矛盾的重要作品。从19世纪30年代到40年代末，英国的劳资矛盾上升为社会主要矛盾。遍及英国的"宪章运动"，人民的苦难和要求触动了富有正义感的狄更斯。他在小说里，对资产阶级的剥削行为和为之辩护的理论进行抨击。黑烟弥漫，机器轰响的焦煤镇是工业中心城市的一个化身。国会议员葛莱恩和纺织厂厂主庞德贝是镇上的两个巨头。他们控制着镇上居民的命运。葛莱恩是资产阶级功利主义哲学的信奉者，是"专讲实际的人"。他随身携带尺子、天平和乘法表，把万事万物，甚至人性、情感都归为"一个数字问题，简单的算术问题"。如同董贝先生一样，他把自己的人生原则贯彻到家庭生活中去，用纯实际利益的"事实"哲学来教育他的一双儿女露易莎和汤姆。他们没有童年的欢乐，被关在牢房似的教室里接受无数的数字和概念，想象、情感，一切高尚的精神活动被摧毁。露易莎在青春妙龄也没有多少生命的热情，服从父意嫁给了比她大 30 岁的庞德贝，对弟弟的友爱因为弟弟的堕落而失望，避开了花花公子的诱骗却也陪葬了她唯一的一次爱情。汤姆则以"事实"哲学为自己的自私和堕落行为辩护，偷盗后又嫁祸给无辜的工人斯蒂芬。小说通过葛莱恩教育的失败，讽刺了功利主义哲学。庞德贝则是更加冷酷无情的资本家的代表。他把资本主义"自由竞争"的口号作为剥削工人的口实。他宣扬自己卑贱的出身，把工人看作"没有爱情和喜悦，没有记忆和偏好，没有灵魂"的劳动力，把工人起码的生活要求斥为奢望，是"希望坐 6 匹马的车子，用金汤匙喝甲鱼汤，吃鹿肉"。资本家对工人的不人道待遇必然引起工人的反抗。狄更斯为工人的遭遇而愤慨，描写了工人勤劳、正直、富有同情心等美德。但作为改良主义者，他同情、赞美吃苦耐劳、具有宽容谅解精神的工人斯蒂芬，以漫画式笔法描写工运领袖，对宪章运动"暴力派"持否定态度。对狄更斯来说，负债人监狱始终是个萦绕不去的梦魇。

诚与慈爱

> 我支持我的朋友和熟人——不是为了他
> 们，而是因为他们是我的朋友和熟人——我
> 认识他们，我准许他们存在，他们领取了我
> 的许可证。因此，我像支持自己一样支持他
> 们。
>
> ——狄更斯

　　狄更斯是个性格开朗、喜好热闹的人，毋庸置疑，热衷于交际就像陶醉在自己的每一部作品里那样令他兴奋。他的忠善、随和的品性在与人交往的过程中时

→ 狄更斯

时显现出诚恳和宽容，当然他因而得到的友谊也恩赐给他极大的甘甜与帮助。

和往常一样，1859年的春天，狄更斯全力以赴地投入了下一部作品的创作。这回，他要涉足的是有关法国大革命这样的历史题材的新天地。从为小说定名开始，作家就大伤其神，一方面他并不了解多少法国历史，对革命的人民也没有切身的理解；另一方面他决定把这部小说写得博大精深，让卷帙浩繁的篇章在历史与现实的社会里立足不倒，这两方面因素加在一起使写作变得不轻松。一段艰辛的思考过后，小说的主题才在狄更斯心中渐渐明朗，随即作家本人也被自己日益汇集的思路深深打动，他对朋友宣称这将是他最出色的作品。

从题目开始，我们便可了解作家要赋予小说的深邃寓意——他想借用法国人民革命的事实去讽刺英国的统治者：不要把人民压迫得太重。故事往来于伦敦和巴黎两个城市之间，因而定名为《双城记》。

小说由两个故事穿插而成。

一个是充满了爱的世界，即马奈特医生一家的故事。18年前，正直的马奈特医生在行医的时候遇见一位近疯的少妇。她原本是位佃农的妻子，因美貌被当地的贵族圣爱弗雷蒙侯爵相中。为了强占她，侯爵暗

→《双城记》剧照

使计策，把其丈夫迫害致死，并把她掠到自己的家里。姑娘的弟弟前来营救被关押起来的姐姐，不幸为侯爵发现，侯爵用剑刺中了男孩的要害。奄奄一息中的男孩，对医生讲述了他们一家的悲惨遭遇。目睹一切的马奈特毅然向朝廷上书控诉圣爱弗雷蒙的罪行，结果有罪者逍遥法外，医生却被秘密囚禁于巴士底狱。而今，受尽折磨的马奈特在银行代理人贾维斯·罗立先生的帮助下得以重见天日。妻子早为他的事忧郁而亡，唯一的女儿已长大成人。女儿露西把这位精神有些失常的父亲接到伦敦，在那里过着平静的日子，医生也日益恢复了健康。法国大革命爆发后，一家人在巴黎被卷进了革命的狂潮，女婿达奈虽是个高尚正直的青年，但却无法抹去自己那法国贵族后裔的身份，革命法庭判处达奈绞刑。就在这危急万分的时刻，露西和达奈的好友卡顿以牺牲自己为代价，使医生一家虎口脱险。

　　另一个是充满了恨的世界。狄更斯自始至终用殷红的血色来渲染复仇的主题。巴黎圣安东区一个小酒店的老板娘德法治夫人，也就是当年被侯爵迫害的农家姐弟的妹妹，她对贵族阶级有着难以忘却的切齿痛恨。作者以她的酒店为中心，描写了法国大革命中的群众以及许多暴力场面。

　　狄更斯创作《双城计》原本是要挖掘有深刻社会意义的主题，为这他也着实下了不少功夫。你看，他抛弃了自己的一贯特色：幽默和诙谐，使得整篇作品充溢着严肃悲壮的气氛。不过他万万没有想到作品在艺术技巧上的成功远远胜过了它的思想内涵。看过《双城计》的人们都会从故事情节角度出发同意狄更斯把这部作品视为他的最佳作品，尤其是结尾处青年律师卡顿为了心上人露西的幸福和挚友达奈的生命安危，代替达奈走上了断头台的情节把全书推

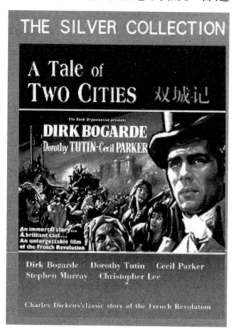

《双城记》

双城记

→《双城记》

向了一个永不跌落的高潮。这个极富人情味的环节让读者合起书卷时还长久地怀念着那位对朋友忠诚无私的卡顿，耳畔不时回响起他那最后的声音："我做了一件比我所做过的好得多，好得多的事；我就要去比我所知道的好得多、好得多的安息处。"

如果你是个了解狄更斯的人，就会在看完《双城计》时惊讶，若是这位作家碰到同卡顿一样的情境，那我们将很有可能看到卡顿式的高尚再现。在朋友、同行、家庭所构成的生活圈子里，狄更斯又一次向人们展示了他那相当富有魅力的品质：真诚、毫不嫉妒、深情、慈爱。

1836年底，狄更斯在一位朋友的家里遇见了后来与他保持了近四十年密友关系的约翰·福斯特。两人

一见如故，并很快建立起了友谊。福斯特比狄更斯晚两个月出生，同狄更斯结识时他正是一家主要杂志的首席文学戏剧评论员。他是个很有才华的年轻人，但他的个性却很难得到众人的认同。他喜好结交每一位艺术界的名人，据情理说来这也当数热情的范畴，可他却偏偏给人留下如此的印象：不择手段地去达到个人目的，他随时会抛弃那些一度对他有用而今不再需要的人，他不能容忍任何人的愚笨见解，认为自己对每个问题的看法都是绝对的真理。他的许多朋友都先后对这位"专断、傲慢"的人物敬而远之。狄更斯早就对关于福斯特的传闻有所听晓，与福斯特见面后他心里暗暗觉得旁人的议论也不尽然，而且感到自己与其非常投机。我们知道狄更斯从小就是个有主见的人，他会根据自己的直觉去判断事物而不受他人观点左右。

狄更斯和福斯特的关系逐渐达到了水乳交融的地步。狄更斯随时向这位

← 《双城记》男主角剧照

朋友倾吐内心的秘密，他认为对待朋友就该是毫无保留。作家童年在黑鞋油作坊的那段辛酸往事他对妻子和子女都从未提及过，而在晚年却用低沉的声音道给了好友福斯特。福斯特对狄更斯的帮助也非常之大，他替作家跑东跑西地联系报纸杂志，替作家索要稿酬，作家在好几部作品里吸取了这位友人的建议。

缘于福斯特不为人理解的个性，作家的这位朋友经常受到抨击。每逢这样的时刻，狄更斯总会站出来替他辩解，因为作家深知这位朋友也有相当讨人喜爱的一面，比如为朋友两肋插刀。福斯特的确是这样一个人，他总会有求必应，慷慨允诺；他视别人的不幸如同自己的不幸；他事后原谅别人就像当初决定不原谅别人时一样迅速彻底。在为朋友争取利益的时候，他很有可能做出不择手段的事儿，尽管这种方式极不可取，但他根本上的出发点却是无可非议的。

最后，福斯特把狄更斯向他倾吐过的成长经历，对事物的看法加以整理，写成了第一部关于狄更斯的传记。

与福斯特相类，狄更斯曾对另外一位朋友柯林斯给予了真诚的帮助。柯林斯比狄更斯整整小了 12 岁，作为文学上的晚辈，狄更斯对他的作品像对自己的作品那样不辞辛劳地修改润色。他甚至把自己的文章署上了柯林斯的名字，使柯林斯因而得名。

正当狄更斯在本国享誉文坛的时候，一位异国名望丝毫不比他低的大作家在遥远的丹麦捎来口信："我多想和博兹握手啊！我读他的作品，常常觉得我已经看到了这一类事情，而且我也得这样写……那些把我整个都抓住了的东西，仿佛已经变成了我自己的一部分……"1847 年，说这话的那位苍颜童心的北欧童话大师安徒生来到伦敦和他仰慕已久的博兹会面。狄更斯迫切想见安徒生的程度绝不在安徒生之下，

←安徒生

→安徒生

他送给童话家一套自己的作品，每一册上都有这样的题词"送给汉斯·克里斯蒂安·安徒生——他的朋友和崇拜者。"接着狄更斯把安徒生邀请到了自己的乡间别墅。他们在一块儿讨论文学，一起吃饭散步，互相解答问题。安徒生回国后把刚刚出版的小说集《一个诗人的白日梦》献给"我亲爱的、高贵的查尔斯·狄更斯"。我们看到的是这两位文学大师都在以一颗宽广单纯之心对待对方，在他们身上丝毫不见"文人相轻"的迹象。

→萨克雷

狄更斯的宽阔胸怀还体现在他对待另一位大作家萨克雷身上。虽然萨克雷同狄更斯同一年出生，但他的成名却晚得多，当狄更斯已凭《匹克威克外传》一跃名家之列的时候，他还是个到处推销自己作品的小画匠。走上文学之路后，他得到了狄更斯的大力推荐，《名利场》确立了他的声望后，狄更斯依然故我地给予他很大支持。后来由

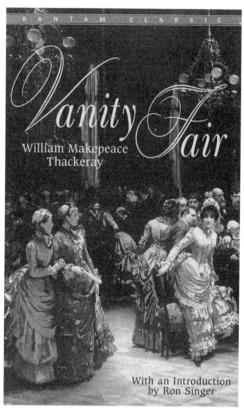

← 《名利场》封面

于观点不和，萨克雷站到了和狄更斯敌对的立场上。临终前不久，萨克雷顿悟了人生道路上的许多内涵，他主动向狄更斯提出和好，狄更斯和善地接受了他的建议，使那位大作家心无遗憾地离开了人世。

爱，是狄更斯一切行为的支撑点。他始终用最大的善意去猜度每个人、每件事，一旦不巧碰到了阴暗的角落，他就立刻转失望为幽默。他用平常心来看待一切事物，然后采取俏皮的手法去制作喜剧化的情节

烘托悲剧化的内容，从而为自己赢得了"诙谐家"的美名。

从繁忙的创作事业里一解放出来，狄更斯就同孩子们游戏。他最大的业余爱好就是把孩子们一个一个从床上抱起来，紧紧搂在怀里，然后和他们疯狂地嬉耍。女儿患重感冒时他寸步不离病床。几个儿子长大后，他无论在精神上还是在金钱上都给他们全力的支持。他是个酷爱孩子的人，据说一次他在一个工人的后面走，工人身上背着一个孩子，于是他一边走一边偷着给那个孩子吃樱桃。

狄更斯就这样在自己的生命中努力去做一个真诚的朋友，一个体贴入微的父亲。

→《名利场》剧照

《双城记》

在表现现实阶级矛盾的《艰难时世》中，狄更斯表现出对于暴力革命的矛盾态度。在历史题材小说《双城记》里，他继续为潜伏深刻社会危机的英国找寻避免矛盾爆发的道路。这部小说在思想和艺术上都是狄更斯的杰作之一。"双城"指的是巴黎和伦敦，作者以法国大革命为当今英国社会的借鉴。小说分为3部，情节围绕马奈特医生的经历展开。法国革命前夕，马奈特医生出诊时发现贵族圣爱弗雷蒙侯爵蹂躏农家妇女并杀害她的弟弟的罪行，他不顾侯爵的威胁利诱，向朝廷告发，遭到侯爵的反诬，关入巴士底狱18年。在革命前法国的贫富悬殊状况，贵族的暴虐无行，将人民逼向造反的绝境。狄更斯深切地同情人民，对统治阶级表示强烈愤慨。但他又谴责革命中的暴力行为，认为流血只会造成更多的流血。德法治夫人的兄姐都被贵族害死，在强烈的复仇心理驱使下，她嗜杀成性，革命成了失去理性的疯狂的混乱。冤冤相报何时了，唯有求助"爱"，以爱战胜仇恨。曾经血气方刚的马奈特医生在女儿爱的抚慰下摒弃旧怨，接纳仇人家族的后代达奈为女婿。达奈抛弃贵族特权，以自食其力、清白为人，救赎祖先的罪恶。露西的爱慕者卡顿代替被革命者判处死刑的达奈上了断头台，不惜以生命来实现爱的诺言。狄更斯这部小说借古讽今的意义十分鲜明，作为人道主义者，他反对不人道的阶级压迫，客观上表现出革命的合理性，警告英国的统治阶级，别让不满情绪酿成像法国革命那样的大火；但他又反对一切暴力行为，劝诫人们不要采取"愚蠢行为"，把"爱"作为消除阶级对抗的法宝。

不 幸运的婚姻

> 如果我的妻子能给我更多的帮助，能支
> 持我的许多无人过问的想法，那就好了……
> 婚配的不相称莫过于思想和目的的不合。
> ——狄更斯

　　我们的作家正站在人生的巅峰上对世界播撒着他爱的种子，他为阳光下、黑暗里听得到他声音的人呼求真理、遥寄祝福。待到周围渐现宁谧的时候，他终于又合十双手为自己在心底祈祷——他也渴求爱，这愿望一样炽热。

　　像多数文学家、艺术家那样，狄更斯在爱的追求里尤其乞冀女性的感情。爱情使他成为一个人，爱

情也使他成为一个痛苦的人：事情总是至极必反。

　　或许，一切的渊源来自作家的幼年。他从未理解过自己的母亲，母亲把他送去做童工，母亲要他15岁就彻底走入社会养家糊口，母亲一味地生下子女而不去教育（当然作家在幼年时也获得过母亲短暂的教育），尽管他一直善待和孝顺父母，可在几部作品中却若隐若现了对母亲的埋怨。正是在这种作家认为自己被母爱"抛弃"的情况下，成年后无时不在盼望着女人的爱怜，也可能是通过此办法来弥补由童年而来的空白。

　　1836年是狄更斯完整人生的开端，2月7日《博兹特写集》正式出版，3月31日第1期《匹克威克外传》发表。4月2日，也是这一年最重要的一天，他和同事兼上司的乔治·霍洛思的大女儿在切尔西的圣卢克教堂举行了婚礼。

　　新娘凯瑟琳是位漂亮、端庄的女人，和狄更斯显然是天造地设的郎才女貌的一对儿。有人曾经议论过，正因为狄更斯把外貌作为衡量女人好坏的第一标准，而忽略了性格上的异同，所以导致了婚姻的不幸福。不管怎么说，这段婚姻的开始还算美满，在家庭温馨的推动之下，狄更斯迎来了《匹克威克外传》《奥利弗·退斯特》等一系列的成功。

　　没过多久裂痕渐渐出现。任何事情都是孤掌难鸣。凯瑟琳的娴静在狄更斯看来可以说是迟钝，她时刻跟不上狄更斯的节奏，丈夫愿意参加社交和公益活动，而她则更好留在家里照看她的花草和孩子，丈夫喜欢谈文学讲故事，而她却只知忙家务活及生孩子。其实狄更斯夫人是个好妻子，很符合我们东方人的贤妻良母类型，可她不幸运地嫁给了一个好动的丈夫。与凯瑟琳性格上的不合拍，引发了狄更斯对另外几个女人的"爱恋"，其实并不能完全怪罪作家的见异思迁，他很有可能会成为一个好丈夫，但他不幸运地娶了一个"木讷"的妻子。对于他们的结合，我们要用不幸运去形容，而不是不幸福。

作家怀恋之一的对象是初恋情人玛丽亚·比德奈小姐。初恋的感情最真挚单纯，然而"初恋时我们不懂爱情"。为这段感情，狄更斯投入了毕生的思念，而玛丽亚这个矫情的女孩儿却忽冷忽热，最后终于把狄更斯抛弃。作家对女人的爱的渴望再次遭到了沉重的打击。他心中一直有着玛丽亚的阴影，不能不说这是他盲目地选择凯瑟琳的一个原因。

另一个令作家追忆的对象是凯瑟琳的大妹妹玛丽。

玛丽俊俏、幽默、富有同情心而且聪明，极其符合姐
夫对女人的要求，实际上在狄更斯心中她也的确是至
善至美的化身。在伦理的约束下，狄更斯对这位妻妹
保持着柏拉图式的理念化爱情。直到玛丽心脏病突发
猝死之后，他更加相信"这感情远远超过对妻子的感
情"。

　　我们不是要单纯地谈论狄更斯的感情世界，而真
正需要的是感悟情感压迫下的作家的性格发展，以及
他在处理工作和感情关系时的可贵之处。

　　家庭的不和睦并没有打垮我们的作家，他在工作
中克制住不平静的心，坚持不懈地写作，把生活给他
的种种经验收集进作品里，这正是我们要学习的东西。
苍天不负有心人，就在那个不轻松的生活环境里狄更斯写下了被世人评价最高的名篇《大卫·科波菲尔》。这部作品里，和狄更斯有重大关系的女人都以各自的角色出现。

半自传性质的《大卫·科波菲尔》是关于一位孤苦的小孤儿大卫，几经磨难终获幸福的传奇故事。大卫的童年在一家酒瓶货栈做工度过，这和作家黑鞋油作坊的童工经历相似。大卫的第一个妻子朵拉，美艳如玛丽亚，和丈夫的性格、目的不同如凯瑟琳，朵拉的形象里包含着两位女人的双重影子。大卫最终的幸福归宿艾格尼丝，美丽淑贤似圣洁的玛丽。他那忘年交朋友密考伯夫妇是作家父母的化身。

狄更斯对于《大卫》，不仅仅停留在叙述本人和亲友的经历上，他把自己对生活的理解和透悟渗到每一

个故事里，由此构成一幅有关维多利亚时代英国社会人的命运、爱情、婚姻、法律、政治的广阔生活图卷。作品力在针砭时弊、扬善弃恶。《大卫》所具的广泛社会意义以及对作者的人生经历的包含，使它成为狄更斯研究者们极力推崇的作品。

现实中可望不可即的东西，作家在作品中给自己划了一个圆满的结局，尤其体现在爱情上。书里，作家用大卫和朵拉的结合满足了自己想得到玛丽亚的欲望，让朵拉病逝安慰了自己的心灵：终于摆脱不幸运的婚姻，仿佛此时凯瑟琳已随朵拉而逝。同艾格尼丝幸福成婚，狄更斯终于可以了却对玛丽的苦苦相思。作品里美好的结局似乎可以冲淡缓解实际生活的不幸。

狄更斯通过大卫之口诉说了自己从未中断的痛苦

"有时候，我脑子里确曾闪过这样的念头，如果我的妻子能真正成为我的贤内助就好了，然而她缺少个性和毅力，她无法支持我，帮助我，无力填补我的那种若隐若现的空虚。"

　　1858年，演员特南小姐的出现终于使得狄更斯下决心结束了与凯瑟琳拉锯战式的婚姻。在排练一场话剧时，作家接触了这个不过18岁的女演员，首先被其艳丽打动，进而又被她的豪放泼辣所吸引。特南小姐对狄更斯报以崇拜化的爱情，两个人共坠爱河。凯瑟琳获悉后无奈地同意了丈夫的离婚请求，接着狄更斯另置房屋和特南同居，凯瑟琳和大儿子一起搬出了盖茨山庄。年龄上的差距，使得作家在年轻的女演员身

上也没有得到更多的幸福。

另外需要提及的是凯瑟琳的小妹妹乔治娜，她和姐夫也有着一种理不清的关系，因为她酷似玛丽，很得狄更斯的宠爱；作为盖茨山庄的女管家，她也把一生的精力都献给了这里。狄更斯逝世时，唯一守候在他身边的女人就是乔治娜。

纵观狄更斯的一生，他没有中断过对爱情的追求，但是他又从来未得到过一场真正适合于他的感情。最大的根源在于他对女人的不了解，这也正导致了他在作品里塑造的女人形象往往都是单一化的。在情感生活的长期压力下，作家的性格渐渐变得忧郁起来。我们后面要讲述的就是狄更斯晚年的伤感情绪和后期作品的伤感化倾向。

最后之忧郁

> 心绪完全像一团乱麻……多么古怪啊，永远不安静，永远不满足，永远追求着始终得不到的事物，永远充塞着情节、计划、忧虑和烦恼……人被一种不可抗拒的力量驱策着，直到这旅途走完!
>
> ——狄更斯

　　几天来，狄更斯已经收到了上千封读者的来信。早餐完毕，他走进写作间把自己关了起来，他从桌子上那一大堆信件中随意拣出了一封，慢慢地展开，上面只有两行字："亲爱的狄更斯先生，恳请您让耐儿活

→ 狄更斯的办公桌

下去!"作家会心地笑了一下——又是一封内容相同的信，可还没等那笑容散尽，一丝忧郁的神色又爬上了他的眉梢。

《老古玩店》使狄更斯再次获得了轰动性的效应。28岁的狄更斯第一次写下了一个没有完美结局的故事。古玩店主顿特和他的小外孙女相依为命生活着，他原有的一些资产被死去的女儿和女婿挥霍殆尽，剩给他的只有一个因经营不善日渐凋败的古玩店。老人非常疼爱可爱温顺的外孙女耐儿，他想叫她过上幸福的生活。不久，他染上了嗜赌的恶习，他想寄望于此来为外孙女筹集能过上舒适生活的资财。结果他把古玩店输给了觊觎这唯一财产已久的恶棍奎尔普。当意识到奎尔普的下一个目标是霸占纯洁的耐儿的时候，老顿特决心带着外孙女出逃异乡。几经历险，最后他们终于暂时摆脱了奎尔普的追踪，但因疲劳成疾在一个阴霾满天的日子里，耐儿永远地离开了他。

平心而论，小说的情节既不曲折也不离奇，对现实的揭露也不比其他作品深刻，但是耐儿这个纯真的

形象却赢得了广泛的爱。当她在书中死去的时候，《老古玩店》的读者们为此痛苦得不能自拔，许多人甚至纷纷致信于作家要求他修改结尾，就如我国的读者会因《红楼梦》的不完满结局而对作品念念不忘一样。不过，狄更斯创作这部作品可不是遵循"悲剧是最高境界的美"的原则，他在文字里幽幽诉说的是对小姨玛丽的怀念，耐儿是玛丽的化身。作家深爱着玛丽，通过《老古玩店》又让读者爱上了耐儿。

　　如果说此时的狄更斯的伤感仅是停留在对儿女私情的怀念上，那么晚年的他思想里透出的忧虑可就显得宏大得多了。

　　从1860年起，狄更斯放慢了创作的速度。虽然和凯瑟琳的离异是由他提出来的，可其实他也同样很痛心，感情上的一再失败在一定程度上影响到了他的情绪，他开始以灰色的基调静观社会。几十年的人生体

验，使他逐步感悟到无论怎样去开导统治阶级实行仁政都是无济于事的。在他不断呐喊的同时，雇佣工人的劳动时间又被增加了几个小时，贫民窟又有大批的儿童因饥饿死去。情感生活和对现实的认识又一次历经波折的狄更斯，用托马斯·赖特所说的一句话形容将最为得当："他以为他已开始了新的生活，以为从今以后前程似锦，一路玫瑰。但他忘记了，玫瑰是有刺的。他以为他眼前是有史以来凡人所享有的最大的幸福，但他错了。"就这样作家经历了从原来的对现行制度的怀疑到了现在对其的不信任。在他最后两部完整的作品里，我们可探寻一下作家晚年对整个社会的忧虑不安之情。

　　读《远大前程》，我们也许能联想起《大卫·科波菲尔》，两部小说的取材有惊人的相似之处。大卫和匹普（《远大前程》主人公）都是孤儿，童年到成年也都经历了种种波折，不同的是大卫是个成功者而匹普却是个模糊式的人物。仅从作者给两位命运相近的人物设计的不同结果，我们便可摸索到狄更斯思想的变化。

　　匹普从小失去父母，在姐姐家寄人篱下地长大成人。他有两个愿望：一是成为上流社会里的一员，二是成为美丽的艾丝戴拉的丈夫。在一位不知名的好心人的帮助下他一跃成了一个有修养而且仪表堂堂的贵族公子，正当他觉得自己有希望娶到心爱的女子进而将能实现两个"远大的前程"时，一切却都化为乌有。原来一直资助他成为上流社会青年的竟是他小时搭救过的一个罪犯。匹普深感自己受了污辱，恰是此时艾

丝戴拉也嫁作他人妇。财产充了公，匹普又成了劳苦大众里的一员。在一个灰蒙蒙的夜里，他和成了寡妇的艾丝戴拉相逢在儿时玩耍的地方。

小说富含深刻的象征意义，匹普的"远大前程"代表了狄更斯所处的现实社会的远大前程，统治阶级追求的那种虚荣华丽的东西会像匹普所追求的前途那样的灰飞烟灭。

1864年创作的《我们共同的朋友》就其思想意义来说是在《远大前程》上的进一步发挥。如果说在《远大前程》里作者提出了一个疑问——什么样的钱是干净的?(匹普的绅士地位是用一个犯人的钱培养出来的)，那么在《我们共同的朋友》里他回答了这个问题：在这个社会里金钱充满了腐蚀性，它可以收买一切、改变一切、摆布一切，其本质是一种权力，金钱的腐蚀性也就是权力的腐蚀性。

在对现实焦虑的同时，作家的身体也每况愈下，先是足部痛风病，接着是心脏病，最后视力衰退。1867年夏天，他又一次患痛风卧床，他形容："只要把热敷拿走片刻，我就痛得受不了。"

狄更斯晚年又酷爱上了演讲和朗诵，每天忙于这些活动，导致他过度忙乱、劳累和激动，这时的他已处在中风和瘫痪的边缘了。

《远大前程》

《远大前程》是狄更斯在艺术上很受称道的一部小说，充分表现出人物心理矛盾发展过程，结构严谨。贫苦的乡下孤儿匹普从小由姐姐一手带大。姐姐粗俗泼辣，动辄责骂全家人。姐夫乔·葛吉瑞则是一位和蔼温良、诚实厚道的铁匠，也是家中唯一真正关心匹普的人。他起初为匹普安排了一条辛苦而充实的生活道路。匹普也把当姐夫的学徒作为自己的最高理想，并以此为满足。

但后来经历的两件事使他的人生追求和命运发生了根本转变。在沼泽地里匹普偶遇逃犯，在极不情愿的情况下，他偷了家中的食品与锉刀解救罪犯于危难之中。这件事是他对物质生活态度的转折点。当地贵族郝薇香小姐给匹普的精神世界带来了极大的震撼。尽管郝家的宽敞富硕、凄凉凝重的气氛使他惊美，但真正触动他心灵的却是郝薇香小姐的养女——艾丝黛拉小姐。艾丝黛拉的刻薄无理与无情嘲弄深深刺痛了匹普的自尊

心，使他开始不再希望成为一个铁匠，不再满足于朴素诚实的生活，他决心跻身有教养的绅士行列，娶艾丝黛拉小姐为妻。

怀着新的生活理想，匹普拼命自修，期望能找到充满幸福和富贵的"远大前程"。终于有一天一位律师通知他有位恩人要出钱资助他去伦敦学习，培养他成为一位体面的绅士。这位恩人没有透露真实身份，但匹普认定是郝薇香小姐有意栽培他，以成全他与艾丝黛拉结成美满姻缘。来到伦敦后，他饱食终日，游手好闲，挥金如土，开始变得轻浮、虚荣、自私。

不久他心中的疑团终于解开，他的远大前程也随之受到了重创。原来他的资助者不是郝薇香小姐，而是一名叫马格维奇的流放犯，他深爱的艾丝黛拉小姐就是这个罪犯和一个女杀人犯所生的。他心目中的庇护人郝薇香小姐却是一个冷酷无情的复仇者。她邀他去家中，只是为了培养艾丝黛拉使男人心碎的本领，以解心中积怨。

这时，随着恩人被捕、艾丝黛拉小姐另嫁他人，他对"远大前程"的希望彻底破灭了。于是他逐渐清醒，痛悟前非，重又找回过去美好的品德，开始了崭新的生活。

在小说的结尾，孤独无依、年迈体衰的郝薇香小姐对自己的所为心生悔意，她在一次火灾中受重伤而死。马格维奇被判绞刑后，病死在监狱医院里。骗取郝薇香小姐钱财的康培生在与马格维奇的搏斗中落水身亡。匹普的姐姐死后，乔与匹普的朋友贝蒂结为夫妻，过着幸福的生活。在婚姻生活中惨遭不幸的艾丝黛拉终于对爱情有所感悟，与匹普走到了一起。

作者在小说中再次以劳动者的纯朴、无私的美德与上层社会背叛、自私、卑鄙等道德堕落形成鲜明对照。

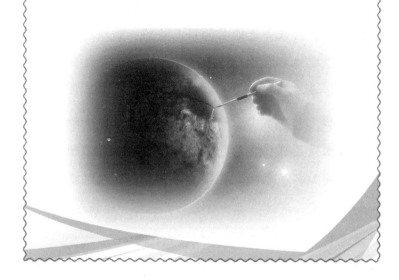

相关链接
XIANGGUAN LIANJIE

《我们共同的朋友》

　　狄更斯最后一部完整的长篇小说是《我们共同的朋友》，小说围绕已故的垃圾承包商老哈蒙的遗产继承问题展开情节，又把人性与金钱关系作为主题。书中出现了一个塑造得很出色的次要人物，自私狭隘、贪财爱势的资产者波德史奈普，以后人们便把这种精神气质称为"波德史奈普主义"。

　　有人从泰晤士河里捞起一具尸体，依据衣着和证件判断，死者是已故垃圾承包商老哈蒙的独生子约翰·哈蒙，他当时正在赶回英国继承巨额遗产。这笔财产后来归老哈蒙的用人鲍芬夫妇所有的。约翰的未婚妻贝拉小姐也由鲍芬夫妇收养。从此展开了一场争夺，许多人使出种种伎俩，企图从这堆垃圾变出来的财富中分一杯羹。然而，最后发现，死者原来是图谋谋害约翰·哈蒙的另一名冒名顶替的人，而鲍芬先生的私人秘书洛克史密斯原来就是约翰·哈蒙。经过一番曲折之后，他终于继承了遗产，并且和善良美丽的贝拉小姐结成良缘。

狄更斯的写作特点

　　狄更斯是英国近代文学史上与莎士比亚媲美的经典作家，他的作品在英语世界里可谓家喻户晓。他富有深厚的同情心，为普通民众鸣不平，同一切不公正、不人道的现象抗议。他讽刺和谴责的笔触涉及社会各个方面，从济贫院、债务监狱、私立学校、工厂到法庭，对政治、经济、法律、教育、道德诸方面进行审视和批判，提倡博爱精神与社会罪恶抗衡。在维多利亚时代早期，他被读者视为社会的良心和先知人物。英国小说发展到狄更斯，进入了一个新阶段。他小说艺术最突出的成就是出色的人物描写本领。他集中描写了中、下层社会小人物的命运，他们的个性、品质的形成过程，塑造了一系列理想青年男女主人公形象。他们靠自己的艰苦奋斗努力向上，摒弃损人利己的卑鄙手段，这些形象体现了狄更斯的人生观和道德观，寄寓了反抗污浊现实的理想。大卫·科波菲尔从不堕落或消沉，匹普在一段歧路后又回复正途，而小耐儿、艾妮斯、小杜丽、露西等善良纯朴，富有自我牺牲精神的"理想女性"形象，更是得到热情的赞美。他劝善惩恶，对书中的坏蛋形象进行嘲讽和鞭挞。费金、奎尔普、庞德贝等等都是丧失人性，极端自私的"恶"的化身，往往不得善终。而董贝，葛擂硬，斯克路奇舅舅等在人生教育和道德情感化下，恢复了人生。到后期创作中，狄更斯对于善恶有报的信念受到现实的冲击，坏人的性格更加复杂，他们的结局也并非遇到报应，社会罪恶的表现往往是由大雾、监狱，破烂店、垃圾堆，而并非个人作为象征了。狄更斯塑造最为出色的是各种"怪人"的形象。他充分发扬了英国文学创作的"癖性人物"的传统，抓住人物肖像服饰，言谈举止上的癖性特征，以漫画式的夸张手法加以强调，使人物形象鲜明，令人如见其人。天真可爱的胖绅士匹克威克先生；穷困潦倒却快活乐天的密考伯先生；怪癖又善良的姨婆，都是文学画廊中的著名人物。这些被称为"扁形人物"或"只有二度空间"的人物，以其自身的鲜活性弥补了缺少心理深度的欠缺。狄更斯作品的幽默与诙谐，很大部

分来自这些"怪人"形象的塑造。

　　狄更斯的小说具有浪漫主义色彩。他喜欢采用戏剧化的传奇情节，奥利佛的身世之谜，德洛克夫人的隐私底细、匹普的庇护人真相、马奈特医生被囚的实情等，都构成作品很强的悬念性，很多小说有犯罪谋杀和探案成分。小说的浪漫主义色彩，突出地表现在作品强烈的感情倾注上。狄更斯是位情感性的小说家，他在情节设置，人物塑造上，驰骋情感力量，使小说具有催人泪下的悲怆、感伤情调，天使般的小耐儿的死，让无数读者痛哭流涕。他生活在维多利亚时代早期，社会的文化价值观念尚未受到根本的摇撼，他既毫不粉饰地揭露现实，又相信人和社会的进步，相信个人奋斗、取得成功和幸福的可能性。在道德上受到时代的虚伪观念的限制。但是狄更斯的作品以人道主义和社会批判精神、丰富多彩的小说技法，不仅代表着英国维多利亚盛世小说的最高成就，也在英国乃至世界文学史上占据一流地位，成为英国文化的重要组成部分。

足音永在

> 我们得到生命的时候附带有一个不可少的条件：我们应当勇敢地保护它一直到最后一分钟。
>
> ——狄更斯

　　6月，常青藤爬满了罗切斯特城堡。黄昏的光影中飞鸟重复出现，仿佛一颗颗忧郁的音符，牵动人心。

← 罗切斯特城堡

　　威斯敏斯特教堂的诗人角又多了一座墓碑，上面深深镌刻着：

　　　在这儿查尔斯·狄更斯终于长眠不醒了，
　　　显然，他以为自己是非常聪明的。
　　　对于他朋友的过失，他都十分清醒，
　　　这几乎要使我哀哭。
　　　对于自己的，他却酣睡着……

　　风儿拂过女人黑色的衣裙和湿润的草叶，拂过泰晤士河平滑的表面和伦敦城中的老古玩店，拂过查塔姆的船坞，以及肯特郡的田野和丘陵。1876年6月9

→威斯敏斯特教堂

← 狄更斯

日，钟声陪伴着人们的思绪，在突如其来的现实面前追忆狄更斯的一生。

前一天，我们这位不平凡的人物还沉醉在《艾德温·德鲁德》之中创作不息。晚饭后，他突然感到非常疲乏，说不出任何话来，一阵眩晕后便不省人世，——这显然是卒中的症状。尽管细心的小姨乔治娜及时把他扶上床，但是死神并没有因为未完的文字而却步，昏迷了一天后，他永远沉眠了。

人们在想到狄更斯的时候，首先联想到的是他用灿烂的文字描绘和创造的伦敦，但是，人们更喜欢想象他在盖茨山庄的种种生活画面——在孩提时代，当他仰望矗立在面前的堂皇别墅时听到父亲对他说，他有朝一日可能成为这座房子的主人；在高朋满座、人声鼎沸的宴席上，与宾客们谈笑风生，纵酒放歌；坐在掩藏在树林中的小木屋里，伏身案前，奋笔疾书；阔步行走在四周的原野上，去肖恩、去乔克、去科巴

姆、去库林、去罗切斯特，把每一所房屋、每一条小巷、每一个细小的角落都熟记在心头。

　　想起在最初童年时代经过各式各样考验的奥列佛·退斯特；想起史奎尔斯的"生徒们"，特别是由于毒打和遭到奚落而脑筋钝化的斯迈克；不幸的耐儿和她的正直的小骑士基特；痴呆的巴纳比·拉奇；艰苦的生活学校的过来人大卫·科波菲尔和他的患难朋友赛白粉·马铃薯；想起被父亲抛弃的西丝和遭到亲生父亲厌恶的芙洛伦斯·董贝；想起为葛擂硬的教育所摧残而受尽折磨的露易莎和汤姆；险些客死异乡的瓦尔特·盖埃；身上布满"祖国的寄生虫和祖国的伤疤"的不幸的乔。想起这些狄更斯在他的小说里以巨大的

同情所描画的儿童形象。也想起狄更斯在《艰难时世》里揭露出的企业主的厚颜无耻与灭绝人性；《董贝父子》里商业家内心的空虚；《小杜丽》里建筑在臭名远扬的英国式妥协基础上的国家制度的腐败以及《大卫·科波菲尔》中伦敦郊区的小天地里人们所受到的可怕而难以形容的苦难。这一切都是狄更斯从他周围的现实中所取得的深刻的典型事实。

狄更斯的题材丰富多样，他笔锋划落处创造出的一系列人物令人惊叹不已。大工业城市的企业主、伦敦金融商业中心区的生意人、不参加社会生产的流氓无产者、债务拘留所里的住户、"有体面的"食利者、伦敦与外省的小店主、高利贷者、投机家、掮客和店

员，都在狄更斯的小说里得到描写。官吏、职员、医生、律师、马车夫、仆役、古董商、助产士、家庭主妇、公寓里的女房东，构成了狄更斯作品中通常的社会与生活"背景"。虽然狄更斯没有像巴尔扎克那样宣布他反映出社会各阶层的意图，但事实上他按照自己的方式执行着'巴尔扎克式'的计划。因此可以说，狄更斯是以善于把握典型事物并创造具有巨大概括力形象的现实主义作家的身份来描绘着他所处的社会中的所有各个阶级和社会集团。

评论界指出，莎士比亚之后没有任何一个英国作家，创造了这样大量的活生生的人物形象。正是在人物的描写上，狄更斯艺术家的天才展现出来。他善于描绘主人公的画像、面貌、身体、服装、谈吐、习性、怪癖，读者通过这些十分具体的细节能够确切地将人物想象出来。没有任何一个艺术家在他创作的形象的生动性和说服力上可以跟狄更斯媲美。同时，没有任何一个同时代的艺术家概括了这样广阔的社会问题，这样明确地表现了该社会所特具的主要冲突。正是这种反映生活的完备性和多面性，使狄更斯高出这个时期的其他作家之上。

狄更斯的艺术风格是：现实主义的描写与尖锐夸张的漫画，温和的幽默与愤怒的讽刺相结合，而这些又得益于狄更斯语言的非凡的丰富性和他灵活运用平民语言的惊人技巧。

查尔斯·狄更斯堪称英国文学史上批判现实主义的创始人和最伟大的代表人

物，也是最伟大的英国人民作家之一，他的创作已具有世界意义。他描绘了英国资产阶级上升时期的极为广阔的生活画卷，艺术典型化的光辉技巧，造就了他的现实主义创作不朽的价值。狄更斯的作品到现在仍然能够引起读者强烈的共鸣。在 18 世纪宪章运动时代，英国的民主文化在极其紧张的社会斗争的气氛中逐渐形成，发展到 19 世纪，社会矛盾最尖锐的时刻，英国现实主义的最高度的繁荣应运而生，40 至 50 年代初达到高潮的顶峰。1832 年以后在英国形成的社会环境决定了英国批判现实主义的性质和社会小说体裁的特

点。而此时也正是狄更斯真正开始文学创作的时期。在
30年代，也就是英国宪章运动酝酿成熟的年代，现实
主义小说尚未具有揭露性的批判倾向，重大的社会问题
还没有被小说家们提出来，揭露性的主题也表现得比较
微弱。这种倾向到40年代才逐渐成为现实主义小说的

主要特点。这一时期出现了几十部杰出的英国现实主义作家的作品。这些作品涵盖了当时现实的全部丑恶真相，充满揭露精神，鲜明地显示出作者对事物现存情况的不满。当时连那些不直接涉及时代的主要矛盾的作品也大胆地揭示着建立在金钱统治上的假仁假义的社会。而从狄更斯的作品主题中更能够清晰地辨认出英国批判现实主义逐渐成熟的过程，以及作家本人的目光和笔锋逐渐坚强和犀利的过程。

　　狄更斯的早期小说，较少愤怒的讽刺，在这里，还看不到他后期作品中宣扬道德的热情。在这个时期里，狄更斯的乐观主义情绪还没有受到来自现实的严重挑战，作家倾向于从柔和的色彩中去看事物，仿佛凭借着愉快的性情和乐观的思想可以解决生活中遇到的任何问题。甚至当他面对面地接触到黑暗现象的小时候，他还是相信善的原则和它不可战胜的力量，尽管他这些年间对于社会生活中的个别方面已经加以讽刺的描写，但整个说来，在他开始创作时，倾向于如实地对待事物，只是磨平一下最尖锐的棱角，缓和一下最深刻的矛盾而已。故而人们将站在创作道路起点的狄更斯称为幽默作家。"他的人物形象生活的世界，

多半是喜剧的世界。他力图缓和与平衡生活上的矛盾。"但是马克思仍然给了狄更斯很高的评价，称狄更斯将平民开始作为小说的主人公来加以描写是他在现实主义创作生涯中取得的第一个成果并且带动了小说题材的彻底革命。"先前这类作品的主人公是国王和王子，现在却是穷人和受轻视的阶级了，他们的生活和遭遇、欢乐和痛苦，构成小说的内容。"狄更斯也完成了自己提出的第一个任务——作出"真实生活与风习的小速写"。

后来，当狄更斯乐观主义世界观发生动摇的时候，他的艺术体系也复杂起来。虽然在《奥列弗·退斯特》中仍然使用着漫画式的幽默笔调，但是对普通人社会命

运的深入关怀，已经使这种创作手法具有了悲剧性的色彩。狄更斯抗议的声音也逐渐变得更加响亮了。

19世纪五六十年代是狄更斯创作的高峰期，这一时期产生的作品最多，思想也最深刻，作品的题材范围，达到了前所未有的广度和深度。1850年狄更斯写下《大卫·科波菲尔》，描绘了当时正在资本主义道路上迅速发展的英国五光十色的社会风貌，谴责了对儿童的虐待和剥削，揭露了司法界的黑暗及议会制度的虚伪。此后，狄更斯的目光始终关注中下层平民的生活，并觉察到社会中的尖锐矛盾，矛头第一次指向资本主义社会的主要矛盾——劳资矛盾，这使他的创作又发展到一个新高度。马克思曾经称誉狄更斯以"明

白晓畅和令人感动的描写，向世界揭示了政治的和社会的真理，比起政治家、政论家和道德家合起来所作的还多"。

值得一提的是，狄更斯并未同意他同时代的进步工人运动提倡的见解和信念，仍然认为社会中的矛盾并非不可调和，资产阶级的国家体制是不可动摇和不可避免的。他的解决矛盾的思想基础是人道主义。狄更斯与马克思长年住在同一个城市，当狄更斯创作着他最优秀的小说的时候，马克思和恩格斯也正在写着他们最重要的著作。狄更斯凭着一颗严肃的心独自观察着世界的表象，当他已将现实中最黑暗、最阴森的角落的内幕缓缓揭开一角时，连他自己也几乎没有察

觉到这个伟大的瞬间。

狄更斯经常在他的作品里涉及现实的最黑暗和消极的方面。他描写了形形色色的社会罪恶和它的代表人物，但他的作品从来没有给读者留下极端厌恶的、不舒服的感觉。因为狄更斯的脑海中萦绕着真正人道的理想，而他又将所描写的一切用来跟这种理想做对比，因此就产生了这位伟大的现实主义者的小说在读者心头留下的巨大的道德纯洁性和美感。因此狄更斯的描写绝不同于自然主义作家笔下纯客观的记叙。

狄更斯是后世公认的最朴素、最易懂的英国作家

之一。刻画形象明确具体,没有任何雕琢的痕迹,这种简单朴素是作家在英国人民中大受欢迎的重要原因。同时他长期选用人民生活中熟知的题材,提出人民迫切关心的问题,并以巨大的同情心描写了人民群众的苦难。因此,他创造出的客观现实图画的力量和典型性是极为巨大的。

19世纪30到60年代英国民主文化生机勃勃的力量如此强有力地体现在被马克思、恩格斯称为"光辉的一派"的作家的创作上。狄更斯的民主和现实主义作风,对威·莫里斯、托·哈代、萧伯纳以及19世纪和20世纪英国进步文学其他杰出代表人物的创作产生了

极好的影响。

人类发展的长河中，星光灿烂。星光的每一闪烁，都在人类历史中留下了动人的一笔，甚至翻开崭新的一页。人们仍然轻轻吟诵着狄更斯留给世界的最后一段描写：

> 清晨的艳阳照耀着古城。它的古迹和废墟显得美丽无比，一株茁壮的常青藤在阳光下闪烁，枝繁叶茂的树木在风中摇摆。摇曳的枝条

反衬出斑斓夺目的光彩，鸟儿在欢唱，花园、树林、田野——或者说，像整个岛屿经过垦殖培育，如今正值丰收季节那样的一个大花园——散发出阵阵清香。这清香渗入了教堂，盖过了它的泥土的气息，带来了万物复苏的勃勃生机。几百年前的冰冷的石墓变暖了，细碎的光点射进了这座建筑物的最阴冷的大理石的角落里，就像鸟儿振翼飞舞。